Zaubertränke

Liebestrank und Weisheitstrank
Stärketrank und Vergessenstrank

Band 70 der Reihe „Die Götter der Germanen"

Bücher von Harry Eilenstein:

- Astrologie (496 S.)
- Photo-Astrologie (64 S.)
- Tarot (104 S.)
- Handbuch für Zauberlehrlinge (408 S.)
- Physik und Magie (184 S.)
- Der Lebenskraftkörper (230 S.)
- Die Chakren (100 S.)
- Meditation (140 S.)
- Drachenfeuer (124 S.)
- Krafttiere – Tiergöttinnen – Tiertänze (112 S.)
- Schwitzhütten (524 S.)
- Totempfähle (440 S.)
- Muttergöttin und Schamanen (168 S.)
- Göbekli Tepe (472 S.)
- Hathor und Re:
    Band 1: Götter und Mythen im Alten Ägypten (432 S.)
    Band 2: Die altägyptische Religion – Ursprünge, Kult und Magie (396 S.)
- Isis (508 S.)
- Die Entwicklung der indogermanischen Religionen (700 S.)
- Wurzeln und Zweige der indogermanischen Religion (224 S.)
- Der Kessel von Gundestrup (220 S.)
- Cernunnos (690 S.)
- Christus (60 S.)
- Odin (300 S.)
- Die Götter der Germanen (Band 1 – 80)
- Dakini (80 S.)
- Kursus der praktischen Kabbala (150 S.)
- Eltern der Erde (450 S.)
- Blüten des Lebensbaumes:
    Band 1: Die Struktur des kabbalistischen Lebensbaumes (370 S.)
    Band 2: Der kabbalistische Lebensbaum als Forschungshilfsmittel (580 S.)
    Band 3: Der kabbalistische Lebensbaum als spirituelle Landkarte (520 S.)
- Über die Freude (100 S.)
- Das Geheimnis des inneren Friedens (252 S.)
- Von innerer Fülle zu äußerem Gedeihen (52 S.)
- Das Beziehungsmandala (52 S.)
- Die Symbolik der Krankheiten (76 S.)

Kontakt: www.HarryEilenstein.de / Harry.Eilenstein@web.de
Impressum: Copyright: 2011 by Harry Eilenstein – Alle Rechte, insbesondere auch das der Übersetzung, vorbehalten. Kein Teil des Buches darf ohne schriftliche Genehmigung des Autors und des Verlages (nicht als Fotokopie, Mikrofilm, auf elektronischen Datenträgern oder im Internet) reproduziert, übersetzt, gespeichert oder verbreitet werden.
Herstellung und Verlag: BoD - Books on Demand, Norderstedt
ISBN: 9783743116849

Die Themen der einzelnen Bände der Reihe „Die Götter der Germanen"

1. Die Entwicklung der germanischen Religion
2. Lexikon der germanischen Religion
3. Der ursprüngliche Göttervater Tyr
4. Tyr in der Unterwelt: der Schmied Wieland
5. Tyr in der Unterwelt: der Riesenkönig   Teil 1
6. Tyr in der Unterwelt: der Riesenkönig   Teil 2
7. Tyr in der Unterwelt: der Zwergenkönig
8. Der Himmelswächter Heimdall
9. Der Sommergott Baldur
10. Der Meeresgott: Ägir, Hler und Njörd
11. Der Eibengott Ullr
12. Die Zwillingsgötter Alcis
13. Der neue Göttervater Odin   Teil 1
14. Der neue Göttervater Odin   Teil 2
15. Der Fruchtbarkeitsgott Freyr
16. Der Chaos-Gott Loki
17. Der Donnergott Thor
18. Der Priestergott Hönir
19. Die Göttersöhne
20. Die unbekannteren Götter
21. Die Göttermutter Frigg
22. Die Liebesgöttin: Freya und Menglöd
23. Die Erdgöttinnen
24. Die Korngöttin Sif
25. Die Apfel-Göttin Idun
26. Die Hügelgrab-Jenseitsgöttin Hel
27. Die Meeres-Jenseitsgöttin Ran
28. Die unbekannteren Jenseitsgöttinnen
29. Die unbekannteren Göttinnen
30. Die Nornen
31. Die Walküren
32. Die Zwerge
33. Der Urriese Ymir
34. Die Riesen
35. Die Riesinnen
36. Mythologische Wesen
37. Mythologische Priester und Priesterinnen
38. Sigurd/Siegfried
39. Helden und Göttersöhne

40. Die Symbolik der Vögel und Insekten
41. Die Symbolik der Schlangen, Drachen und Ungeheuer
42. Die Symbolik der Herdentiere
43. Die Symbolik der Raubtiere
44. Die Symbolik der Wassertiere und sonstigen Tiere
45. Die Symbolik der Pflanzen
46. Die Symbolik der Farben
47. Die Symbolik der Zahlen
48. Die Symbolik von Sonne, Mond und Sternen
49. Das Jenseits
50. Seelenvogel, Utiseta und Einweihung
51. Wiederzeugung und Wiedergeburt
52. Elemente der Kosmologie
53. Der Weltenbaum
54. Die Symbolik der Himmelsrichtungen und der Jahreszeiten
55. Mythologische Motive

56. Der Tempel
57. Die Einrichtung des Tempels
58. Priesterin – Seherin – Zauberin – Hexe
59. Priester – Seher – Zauberer
60. Rituelle Kleidung und Schmuck
61. Skalden und Skaldinnen
62 Kriegerinnen und Ekstase-Krieger

63. Die Symbolik der Körperteile
64. Magie und Ritual
65. Gestaltwandlungen
66. Magische Waffen
67. Magische Werkzeuge und Gegenstände
68. Zaubersprüche
69. Göttermet
70. Zaubertränke
71. Träume, Omen und Orakel
72. Runen
73. Sozial-religiöse Rituale

74. Weisheiten und Sprichworte
75. Kenningar
76. Rätsel

77. Die vollständige Edda des Snorri Sturluson
78. Frühe Skaldenlieder
79. Mythologische Sagas
80. Hymnen an die germanischen Götter

Inhaltsverzeichnis

I	**Zaubertränke in der germanischen Überlieferung**	6
II	**Der Liebestrank**	7
II 1.	Liebesträhke in der germanischen Überlieferung	7
II 1. a)	Gesta danorum	7
II 1. b)	Gesta danorum	7
II 1. c)	Nikulas saga erkibyskups	8
II 1. d)	Deutsche Sagen: Zauberkräuter kochen	8
II 1. e)	Die Saga über Halfdan Brana-Ziehsohn	9
II 2.	Liebesträhke in der indogermanischen Überlieferung	10
III	**Der Vergessenstrank**	**11**
III 1.	Der Vergessenstrank in der germanischen Überlieferung	11
III 1. a)	Die Saga über Hedin und Högni	11
III 1. b)	Völsungen-Saga	13
III 1. c)	Das erste Lied über Sigurd Fafnir-Töter	15
III 1. d)	Brünhild-Lied (Faröische Heldenlieder)	15
III 1. e)	Regin-Lied (Faröische Heldenlieder)	15
III 1. f)	Brünhild-Lied (Faröische Heldenlieder)	16
III 1. g)	Högni-Lied (Faröische Heldenlieder)	17
III 1. h)	Der Mord der Nibelungen	18
III 1. i)	Das andere Gudrun-Lied	18
III 1. j)	Völsungen-Saga	22
III 1. k)	Die Saga über Thorstein Viking-Sohn	23
III 1. l)	Havamal	24
III 1. m)	Die Saga über Sörli den Starken	25
III 1. n)	Die Saga über Halfdan Brana-Ziehsohn	26
III 2.	Der Vergessenstrank in der indogermanischen Überlieferung	27
III 2. a)	Der Vergessenstrank in der keltischen Überlieferung	28
	- Fionn mac Cumhaill	28
	- Die Geschichte des irischen Königs Cormac mac Art	28
III 2. b)	Der Vergessenstrank in der griechischen Überlieferung	29
IV	**Die Glücks- und Weisheits-Speise**	**30**
IV 1.	Die Glücks- und Weisheitsspeise in der germanischen Überlieferung	30
IV 1. a)	Gesta danorum	30
IV 2.	Der Glücks- und Weisheitstrank in der indogermanischen Überlieferung	32
IV 2. a)	Kelten	32
	- Taliesin	32
IV 2. b)	Griechen	35

V Der Stärketrank		**37**
V 1.	Der Stärketrank in der germanischen Überlieferung	37
V 1. a)	Gesta danorum	37
V 1. b)	Gesta danorum	38
V 1. c)	Heimskringla	38
V 1. d)	Gesta danorum	39
VI Raserei-Trank		**40**
VI 1.	Der Raserei-Trank in der germanischen Überlieferung	40
VI 1. a)	Völsungen-Saga	40
VII Gift		**42**
VII 1.	Gift in der germanischen Überlieferung	42
VII 1. a)	Völsungen-Saga	42
VII 1. b)	Sinfiötlis Ende	42
VII 1. c)	Völsungen-Saga	43
VII 1. d)	Skaldskaparmal	44
VII 1. e)	Die Saga über Thorstein Haus-Macht	45
VII 1. f)	Heimskringla	45
VIII Vergleich der Zaubertränke		**46**
VIII 1.	Die Häufigkeit der einzelnen Zaubertränke	49
VIII 2.	Zaubertrank-Brauer	50
VIII 3.	Zaubertrank-Rezepte	52
VIII 4.	Die Entstehung der Zaubertränke aus dem Ritualtrank	54
VIII 5.	Der Stammbaum der Zaubertränke	56
VIII 5. a)	Der Liebestrank	56
VIII 5. b)	Der Vergessenstrank	57
VIII 5. c)	Das Verstehen der Vogelsprache	57
VIII 5. d)	Stärke und Unverwundbarkeit	58
VIII 5. e)	Die Kampfekstase	58
VIII 5. f)	Opferspeisen	59
VIII 5. g)	Heilmittel	59
VIII 5. h)	Der Stammbaum der Zaubertränke	60
IX Zusammenfassung		**61**
	Themenverzeichnis	62

I Zaubertränke in der germanischen Überlieferung

In den überlieferten Schriften der Germanen kommen einige Zaubertränke vor. Da diese fast ausschließlich in den Sagas zu finden sind, könnte es sein, daß sie ein Element sind, das sich erst relativ spät entwickelt hat. Für diese Annahme spricht auch, daß diese Zaubertränke nirgendwo im Zusammenhang mit Göttern auftreten – der einzige „Zaubertrank" aus den Mythen ist der Skaldenmet.

Es finden sich Zaubertränke mit verschiedenen Wirkungen:

- Zaubertränke für Glück und Weisheit
- Zaubertränke für Liebe
- Zaubertränke für Stärke
- Zaubertränke für Raserei
- Zaubertränke für Vergessen
- Zaubertränke, die Gift sind

In den folgenden Kapiteln werden zunächst einmal die einzelnen Zaubertränke beschrieben, dann folgt eine Analyse der Rezepte und schließlich die Betrachtung der Entstehung dieser Vorstellungen und Rezepte.

II   Der Liebestrank

Es fällt auf, daß die Erwähnungen von Liebestränken entweder aus Texten von christlichen Schreibern oder aus sehr späten Texten stammen.

II 1.   Liebestränke in der germanischen Überlieferung

II 1. a)   Gesta danorum

Götvara versuchte die Maid nicht nur mit Worten, sondern auch mit Liebestränken zu verführen.
... ...
Durch den Trank, den sie ihr gegeben hatte, wandelte sie die Standfestigkeit der Maid in Verlangen und ersetzte ihre verflogene Wut durch Liebe und Entzücken.
... ...
Sie wurde bereits durch das heimliche Wirken des Liebestrankes zur Liebe zu ihrem Verehrer gedrängt.
... ...
Die Prinzessin wurde auch von dem Liebestrank verführt, den Götvara ihr gebraut hatte.

Hier gibt eine Frau einer anderen Frau ohne deren Wissen den Liebestrank.

II 1. b)   Gesta danorum

Manche erzählen auch, daß Kraka die Neigung der Maid durch einen Liebestrank, den sie gebraut und ihr gegeben hatte, zu Frode lenkte.

Auch hier gibt eine Frau einer anderen Frau ohne deren Wissen den Liebestrank.

II 1. c)   Nikulas saga erkibyskups

In dieser Saga über den Erzbischof Nikolaus wird ein Liebestrank erwähnt und mit den altnordischen Worten „astar-drykkr" bezeichnet, was wörtlich „Liebestrank" bedeutet.

II 1. d)   Deutsche Sagen: Zauberkräuter kochen

In der Sammlung der Deutschen Sagen der Gebrüder Grimm findet sich auch eine Sage, in der ein Liebestrank die zentrale Rolle spielt.

Im Jahre 1672 hat sich zu Erfurt begeben, daß die Magd eines Schreiners und ein Färbersgesell, die in einem Hause gedient, einen Liebeshandel miteinander angefangen, welcher in Leichtfertigkeit einige Zeit gedauert.
Hernach ward der Gesell dessen überdrüssig, wanderte weiter und ging in Langensalza bei einem Meister in Arbeit. Die Magd aber konnte die Liebesgedanken nicht loswerden und wollte ihren Buhlen durchaus wiederhaben.
Am heiligen Pfingsttage, da alle Hausgenossen, der Lehrjunge ausgenommen, in der Kirche waren, tat sie gewisse Kräuter in einen Topf, setzte ihn zum Feuer, und sobald solche zu sieden kamen, hat auch ihr Buhle zugegen sein müssen.
Nun trug sich zu, daß, als der Topf beim Feuer stand und brodelte, der Lehrjunge, unwissend, was darin ist, ihn näher zur Glut rückt und seine Pfanne mit Leim an dessen Stelle setzt. Sobald jener Topf mit den Kräutern näher zu der Feuerhitze gekommen, hat sich etlichemal darin eine Stimme vernehmen lassen und gesprochen:
»Komm, komm, Hansel, komm! Komm, komm, Hansel, komm!«
Indem aber der Bube seinen Leim umrührt, fällt es hinter ihm nieder wie ein Sack und als er sich umschaut, sieht er einen jungen Kerl da liegen, der nichts als ein Hemd am Leibe hat, worüber er ein jämmerlich Geschrei anhebt. Die Magd kam gelaufen, auch andere im Haus wohnende Leute, zu sehen, warum der Bube so heftig geschrien, und fanden den guten Gesellen als einen aus tiefem Schlaf erwachten Menschen also im Hemde liegen.
Indessen ermunterte er sich etwas und erzählte auf Befragen, es wäre ein großes schwarzes Tier, ganz zottigt, wie ein Bock gestaltet, zu ihm vor sein Bett gekommen und habe ihn also geängstigt, daß es ihn alsbald auf seine Hörner gefaßt und zum großen Fenster mit ihm hinausgefahren. Wie ihm weiter geschehen, wisse er nicht, auch habe er nichts Sonderliches empfunden, nun aber befinde er sich so weit weg, denn gegen acht Uhr habe er noch zu Langensalza im Bett gelegen, und jetzt wäre er zu Erfurt kaum halber neun. Er könne nicht anders glauben, als daß die Katharine,

seine vorige Liebste, dieses zuwege gebracht, indem sie bei seiner Abreise zu ihm gesprochen, wenn er nicht bald wieder zu ihr käme, wollte sie ihn auf dem Bock holen lassen.

Die Magd hat, nachdem man ihr gedroht, sie als eine Hexe der Obrigkeit zu überantworten, anfangen herzlich zu weinen und gestanden, daß ein altes Weib, dessen Namen sie auch nannte, sie dazu überredet und ihr Kräuter gegeben, mit der Unterweisung: wenn sie die sachte würde kochen lassen, müsse ihr Buhle erscheinen, er sei auch, so weit er immer wolle.

Hier wendet eine Frau den Trank auf ihren Liebsten an, der sie verlassen hat. Das Rezept für diesen Zaubertrank hat sie von einer alten Frau erhalten. Aus dem Verlieben ist hier ein Holen geworden.

II 1. e)   Die Saga über Halfdan Brana-Ziehsohn

Sie sagte, daß das so sein solle, „und Du mußt von hier aus nach England segeln. Dort herrscht ein König, der Olaf genannt wird. Er hat eine Tochter, die Marsibil genannt wird. Es wird gesagt, daß sie die schönste aller Frauen in der Welt ist. Sie kennt alle Frauen-Künste und ich will, daß Du sie heiratest.

Du sollst Dich dort als Händler ausgeben und hier sind Kräuter, die ich Dir geben will. Gib sie der Königstochter und sie wird Dich lieben. Sie haben die Macht, daß sie Dich wie ihr eigenen Leben lieben wird, wenn sie sie unter ihren Kopf legt und auf ihnen schläft."

In dieser Saga ist es zwar wieder eine Frau, die das Rezept für den Liebes-Zauber kennt, aber sie gibt die Kräuter ihrem Schützling, der sie für seine zukünftige Geliebte benutzen soll.

Anscheinend waren Liebestränke bei den Germanen weitgehend unbekannt – zumindestens stammen drei der fünf Erwähnungen aus den Schriften christlicher Verfasser und zwei aus einer späten Sage.

Es ist daher nicht einmal auszuschließen, daß diese Liebestränke alle aus der keltischen Tradition stammen, in der solche Tränke gut bekannt waren.

II 2. Liebestränke in der indogermanischen Überlieferung

Liebestränke scheinen ein rein keltisch-germanisches Motiv zu sein.

III   Der Vergessenstrank

Der „Trank des Vergessens" läßt den, der ihn trinkt, wie der Name sagt, alle Dinge oder manchmal auch nur bestimmte Dinge vergessen.

Dieser Trank ist in den Mythen der Germanen im Besitz der Jenseitsgöttin Freya bzw. der Zauberin-Königin Kriemhild, die eine der Nachfolgerinnen der Freya in den Sagen ist.

III 1.   Der Vergessenstrank in der germanischen Überlieferung

III 1. a)   Die Saga über Hedin und Högni

Nachdem Freya ihren goldenen Halsschmuck Brisingamen von vier Zwergen dadurch erhalten hatte, die sie mit jedem von ihnen eine Nacht verbracht hatte, ließ Odin ihr durch Loki dieses Schmuckstück rauben und sagte der Freya, daß sie es nur unter der Bedingung zurückerhalten würde, daß sie zwischen zwei Königen einen endlosen Krieg anstiften würde.

Dies ist eine späte Umdeutung des endlosen Kampfes zwischen dem Sommergott Tyr und dem Wintergott Loki um die Macht, die Jenseitsgöttin und ihre Wiedergeburtssymbole (Met, Apfel, Brisingamen). Durch diesen Kampf sind in den germanischen Mythen bis 500 n.Chr. die Jahreszeiten entstanden.

Freya zog auf den Befehl des Odin hin als die Walküre Gondul aus, um die von Odin geforderte endlose Schlacht in Gang zu setzen. Dabei verwendet sie unter anderem einen Vergessenstrank.

Hedin verbrachte den Winter zuhause in Serkland. Es wird erzählt, daß Hedin einmal mit seinem Gefolge zur Jagd ausritt. Er fand sich alleine auf einer Lichtung wieder. Er sah eine Frau auf einem Sitz in der Lichtung, die hoch und schön anzusehen war.

Er frug nach ihrem Namen und sie nannte sich Gondul. Danach sprachen sie zusammen.

Sie frug nach seinen Heldentaten und er war glücklich, ihr alles zu erzählen.

Er frug sie, ob er von irgendeinem König wüßte, der so kühn und tüchtig wie er wäre oder so berühmt und erfolgreich.

Sie sagte, daß sie einen kennen würde, in jedem Teil ihm ebenbürtig und daß ihm zwanzig König dienen würden, „keiner weniger als Dir." Und sie sagte, daß er Hogni heiße und daß er in Dänemark im Norden leben würde.

„So viel weiß ich," sprach Hedin, „daß wir versuchen müssen, wer von uns der Bessere ist."

„Es ist wahrscheinlich Zeit für Dich aufzubrechen und nach Deinen Männern zu schauen," sprach Gondul, „Sie werden schon nach Dir suchen."

Danach trennten sie sich. Er ging zu seinen Männern, sie aber blieb dort sitzen.

Sobald es Frühling war, machte sich Hedin bereit aufzubrechen. Er hatte ein Drachenschiff und auf ihm dreihundert Mann. Er segelte nach Norden durch die Welt. Er segelte Sommer und Winter. Im Frühling kam er nach Dänemark.

In Dänemark traf Hedin (Tyr) auf Hogni (Hagen, Loki) und beide schießen und schwimmen um die Wette, aber beide sind in allem genau gleich stark. Schließlich werden sie Blutsbrüder.

Es wird gesagt, daß Hogni nach einer Weile zu Raubüberfällen aufbrach, aber Hedin zurückblieb und über das Königreich wachte. Eines Tages ritt Hedin zu seinem Vergnügen in den Wald. Es war schönes Wetter. Wieder wurde er von seinen Männern getrennt.

Er kam zu einer Lichtung. Dort sah er dieselbe Frau wie vorher in Serkland auf einem Sitz und sie erschien ihm noch schöner als zuvor. Wieder ergriff sie als erste das Wort und sprach freundlich zu ihm. Sie hielt ihm ein Horn mit einem Deckel entgegen. Das Herz des Königs wurde von Sehnsucht nach ihr erfüllt. Sie lud ihn zu einem Trunk ein und der König war durstig, da ihm heiß geworden war und so nahm er das Horn und trank.

Aber nachdem er getrunken hatte, veränderte er sich auf seltsame Weise, denn er konnte sich an nichts mehr erinnern, was zuvor gewesen war. Er setzte sich nieder und sie sprachen zusammen. Sie frug ihn, ob er die Stärke und das Geschick bei Hogni gefunden hatte, von der sie ihm berichtet hatte.

Hedin sagte, daß dies wahr sei, „denn es gab keine einzige Fähigkeit, in der wir uns geprüft haben, in der er mir nachstand und so haben wir uns für gleichrangig erklärt."

„Aber ihr seid nicht gleich," sprach sie.

„Wie kommst Du darauf?" sagte er.

„Ich komme darauf," sagte sie, „weil Hogni eine Königin von großer Herkunft hat und Du gar keine Frau hast."

Er antwortete: „Hogni würde mir seine Tochter geben, wenn ich ihn darum bitten würde und dann stände ich ihm von meine Ehe her in nichts nach."

„Dein Ruhm wäre kleiner als seiner," sprach sie, „wenn Du Hogni nur bitten würdest, Dich in seine Familie aufzunehmen. Es wäre besser – wenn es Dir, wie Du

sagst, nicht an Mut und Stärke fehlt – Hild fortzuschleppen und die Königin in der folgenden Weise zu töten: indem Du sie ergreifst und vor den Bug Deines Drachenschiffes legst und sie in zwei Teile zerschneiden läßt, während Dein Schiff ins Meer geschoben wird."

Hedin war so in dem Bösem und in dem Vergessen aus dem Ale, den er getrunken hatte, gefangen, daß er keine andere Möglichkeit sah, und es kam ihm kein einziges mal in den Sinn, daß er und Hogni Blutsbrüderschaft geschworen hatte.

Dann trennten sie sich und Hedin ging zu seinen Männern.

Dadurch, daß Hedin den Plan der Freya-Gondul ausführte, kam es zu der von Odin geforderten endlosen Schlacht zwischen den beiden Königen, die erst nach 143 Jahren durch den christlichen König Olaf Tryggvason von Norwegen beendet wurde.

III 1. b)   Völsungen-Saga

Griemhild benutzt den Vergessenstrank, um Sigurd die Walküre Brünhild vergessen zu lassen, damit Sigurd dann Kriemhilds Tochter Gudrun heiratete. Sigurd ist der Schützling und der Urururenkel des Odin und letzlich eine Saga-Variante des Tyr.

Da zog Sigurd mit all seinen großen Schätzen von ihnen fort und er verabschiedete sich von ihnen in Freundschaft. Er ritt auf Grani mit seiner Rüstung und allen seinen Waffen und den übrigen Lasten. So ritt er, bis er zu der Halle des Königs Giuki kam. Dort ritt er in die Burg.

Dies sah einer der Männer des Königs und sprach: „Es sieht so aus, als ob dort einer der Götter naht, denn seine Ausstattung ist mit Gold gefertigt worden und sein Pferd ist viel stärker als andere Pferde und die Fertigung seiner Waffen ist über die Maßen gut und vor allem übertrifft der Mann selber bei weitem alle anderen Männer, die jemals gesehen wurden."

Da trat der König mit seinem Hof hinaus, grüßte den Mann und frug: „Wer seid Ihr, der so ohne die Erlaubnis meiner Söhne in meine Burg reitet, was bisher noch niemand gewagt hat?"

Er antwortete: „Ich bin Sigurd, der Sohn des Königs Sigmund."

Da sprach König Giuki: „Dann seid willkommen und nehmt aus unseren Händen entgegen, was immer ihr braucht."

So ging er in die Halle des Königs und alle Männer erschienen klein neben ihm und alle Männer bedienten ihn und dort weilte er in großer Freude.

Sie ritten oft gemeinsam umher, Sigurd und Gunnar und Högni, und stets war Sigurd der Erste von ihnen, obwohl auch sie mächtige und tatkräftige Männer waren.

In dieser Sage hat Sigurd wie in der vorigen Saga König Hedin die Rolle des Tyr übernommen. Die Rolle des Loki hat in beiden Sagas Hogni (Högni, Hagen) inne.

Grimhild sah, wie sehr Sigurd Brynhild von Herzen liebte und wie oft er von ihr sprach und sie begann darüber nachzudenken, wie es wäre, wenn er bleiben würde und die Tochter des Königs Giuki heiraten würde, denn sie sah, daß niemand auch nur annähernd so stattlich wie er sein konnte oder soviel Treue und Glück in sich tragen konnte und daß er größere Schätze besaß als die Menschen von irgendeinem anderen berichten konnten. Und der König verhielt sich zu ihm wie zu einem seiner Söhne und seine Söhne selber achteten ihn mehr als sich selber.

Eines Nachts, als sie zusammen tranken, erhob sich die Königin und trat vor Sigurd und sprach: „Dein Verweilen bei uns bringt uns große Freude und alle guten Dinge geben wir Dir, wenn Du es wünschst. Wahrlich: Nimm dies Horn und trinke!"

Da ergriff er es und trank und dabei sprach sie: „Dein Vater soll König Giuki sein und ich Deine Mutter und Gunnar und Högni Deine Brüder und all dies soll von jedem mit Eiden geschworen werden und dann wird sicherlich Deinesgleichen nicht auf Erden noch einmal gefunden werden."

Sigurd nahm ihre Rede gut auf, denn mit dem Trinken dieses Trunkes verließ ihn jede Erinnerung an Brynhild. So blieb er weiterhin bei ihnen.

... ...

Es wurde ein großes Fest veranstaltet und viele Gäste dazu eingeladen und dorthin kam auch König Budli mit seiner Tochter Brünhilde und seinem Sohn Atli und das Fest dauerte viele Tage lang und an diesem Fest wurden Gunnar und Brünhild miteinander verheiratet.

Als dies zu Ende gebracht worden war, kehrte Sigurds Erinnerung an all die Eide, die er Brynhild geschworen hatte, wieder zurück, aber er ließ dies alles in Frieden ruhen.

... ...

„Ich konnte mich vor Deiner Hochzeit nicht einmal an Deinen Namen erinnern," sagte Sigurd, „oder an irgendetwas anderes; das ist das größte Leid!"

III 1. c)　Das erste Lied über Sigurd Fafnir-Töter

Dieses Ereignis war Sigurd bereits von seinem Mutter-Bruder Gripir, der ein Seher war, vorhergesagt worden:

Gripir:
„Ihr werdet euch alle Eide leisten,
Hoch und heilig, doch wenige halten.
Warst Du Giukis Gast eine Nacht,
So hat dein Herz Heimirs Maid vergessen."

III 1. d)　Brünhild-Lied (Faröische Heldenlieder)

Auch in diesem Lied wird das Vergessen des Sigurd durch den Zaubertrank vorhergesagt:

„Brinhild, gib mir Sattel und Ring und die weite Brünne:
Ich hab' in einem kleinen Geschäft anderswo fortzureiten."
„Sitze Du lieber in Frieden bei mir und spiele mit mir im Brett:
König Juki eine Tochter hat, so mächtig mit Zauberkraft.

Du wirst werden jung von Jahren, das Leben wirst Du missen:
Du wirst Dich mit Gudrun vermählen, mich wirst Du nicht genießen."
„Das dünkt mich wunderlich, nicht soll mich solches treffen:
Ich werde nicht meine Liebe von Dir, Brinhild, wenden."

III 1. e)　Regin-Lied　(Faröische Heldenlieder)

In diesem Lied findet sich eine weitere Version des Berichtes über den Zaubertrank der Grimhild, der hier deren Tochter Gudrun gehört:

Besser wärs doch selbst zu werben, als einen guten Mann zu missen."
Gudrun ging in den Keller, mischte Met und Wein,
Und so große Vergessenheit tat sie da hinein.
So allgroße Vergessenheit tat sie da hinein.

Trugs so ein vor Sjurd den jungen und bat ihn zu trinken ihr zu.
Der ging zu trinken so teuren Trunk, trank aus dem Horne lange:
Sjurdur mißte sein Gedächtnis all, und keiner konnte ihn heilen.
Der ging zu trinken so teuren Trunk, trank aus dem glänzenden Horne:

Sjurdur mißte sein Gedächtnis all und die Braut aus des Königs Herzen.
Sjurdur mißte sein Gedächtnis all und die Braut aus des Königs Herzen.
Da er hatte getrunken, gab er zurück das Gefäß:
Er dachte nicht an Frau Brinhild und nicht, wo er war.

Drauf trank da Gudrun dem herrlichen Helden zu:
Sjurdur kam nichts anders in Sinn, als Gudrun will er haben.
Das ist die böse Frau Grimhild, sie spricht zu ihrer Tochter:
„Geh Du in die Kammer ein und richte sie für Deinen Gast zu."

III 1. f) Brünhild-Lied   (Faröische Heldenlieder)

Auch in diesem Lied von den Faröer-Inseln wird der Vergessenstrunk, den Gudrun in Grimhilds Auftrag dem Sigurd zu trinken gab, beschrieben:

Außen steht Grimhild mit so manchem Mann:
Mit ihren beiden Händen rannte sie ihm in den Zaum.
„Sjurdur, hemme Deine Fahrt und rede nun mit mir:
Ich habe mir eine Tochter so schön, die Liebe will knüpfen mit Dir.

Schön ist Gudrun, die Tochter mein, wo sie geht einher:
Rosen und auch Lilien, die leuchten auf ihrer Wange.
Schön ist Gudrun, die Tochter mein, das ist Dir wohl besser:
Sie ist nicht mehr Brinhild gleich als Sommer gleicht dem Winter.

Geh Du nun in die Halle ein, weniges werde Dir zum Verdrusse:
Trink wiederholt aus dem teuren Krug, Dein Roß steht im Verschlusse."
Heraus kam die Frau Gudrun in einem blauen Mantel,
Ihr Haar lag auf den Schultern, durchflochten mit Seidenbändchen.

Das war Grimhild Jukis Königin, die spricht zu ihrer Tochter:
„Geh Du in den Keller und mische Met und Wein.
Geh Du in den Keller und mische Met und Wein,
Und so große Vergessenheit laß darinnen sein."

Drauf sprach Gudrun Jukis Tochter, sie führte so schnell die Zunge:
„Zu nehmen, was ein andrer hat, das wird schwerlich glücken.
Es gibt in unsern Landen manch Königssöhne und Jarle:
Zu begehren, den ein andrer hat, das wird schwerlich glücken."

Sie hob auf ihre rechte Hand, gab Gudrun einen Schlag auf die Zähne:
Das Blut floss auf den Busen nieder, das sahen manche Männer.
„Schweig, Gudrun, Tochter mein, vieles muss der Blöde verfehlen:
Besser wärs doch selbst zu werben, als einen guten Mann zu missen."

Gudrun ging in den Keller, mischte Met und Wein,
Und so große Vergessenheit tat sie da hinein.
So allgroße Vergessenheit tat sie da hinein,
Trugs so ein vor Sjurd den Jungen und bat ihn zu trinken ihr zu.

Der ging zu trinken so teuren Trunk, trank aus dem Horne lange:
Sjurdur mißte sein Gedächtnis all, und keiner konnte ihn heilen.
Der ging zu trinken so teuren Trunk, trank aus dem glänzenden Horne:
Sjurdur mißte sein Gedächtnis all und die Braut aus des Königs Herzen.

III 1. g) Högni-Lied   (Faröische Heldenlieder)

In diesem dritten Lied von den Faröer-Inseln wird der Vergessenstrank noch ein drittes mal beschrieben:

Hinein kam Gudrun frühmorgens – bös ist's, das Gemüt aufzureizen! –
Der Tisch stund gedeckt mit dem Seidentuch und Bier vor den tapferen Helden.
Das war Gudrun Jukis Tochter, sie nahm einen Kelch in die Hand,
Dann ging sie in den Keller, wo der Met darunter floß.

Als sie hatte gemischet ihnen Met und Wein,
Da tut sie so große Vergessenheit hier hinein.
Und so große Vergessenheit tut sie hier hinein:
Trägt's so hinein vor Högni und bittet ihn zu trinken.

Vorsichtig schaut da Högni aufs gute Fingergold:
Zu schwitzen begann sein Fingergold, es ward schnell rot wie Blut.
Das ist Högni Jukis Sohn, er erkannte da die Truglist.
Bittet nun Gudrun die Schwester sein, zu trinken aus der Schale zuerst.

Gudrun steht auf dem Hallengolf, sie wird schnell rot wie Blut,
Und stieß um den Silberkelch, der stund auf dem breiten Tisch.

Das „Fingergold" ist ein Ring. Dieser Ring des Högni hat offenbar magische Eigenschaften und warnt seinen Träger vor Giften und Zaubertränken.

Um den Trank nicht selber trinken zu müssen, stößt Gudrun den Kelch mit dem Zaubertrank „versehentlich" um.

III 1. h)   Der Mord der Nibelungen

Griemhild benutzte den Vergessens-Trunk ein zweites Mal, um ihre Tochter Gudrun ihr bisheriges Leben und vor allem Siegfried vergessen zu lassen:

Gunnar und Högni nahmen da alles Gold, Fafnirs Erbe. Da entstand Feindschaft zwischen den Giukungen und Atli. Denn er beschuldigte die Giukungen, sie seien an Brünhilds Tod schuld. Da verglichen sie sich dahin, daß sie ihm Gudrun zur Ehe gaben.

Dieser (Gudrun) *aber gaben sie einen Vergessenstrank zu trinken, ehe sie einwilligte, daß sie dem Atli vermählt würde. Atlis Söhne waren Erp und Eitil; aber Gudruns Tochter von Sigurd war Swanhild.*

III 1. i)   Das andere Gudrun-Lied

Derselbe von der zauberkundigen Grimhild gebraute Trank wird auch in diesem Lied beschrieben:

Gudrun:
„Grimhild brachte den Becher mir dar,
Den kalten, herben, daß ich Harms vergäße;
Hinein war gemischt die magische Kraft der Jörd,
Eiskalte See und Schweine-Blut.

In das Horn hatten sie alle Arten von Runen
Geritzt und gerötet; ich erriet sie nicht.
Einen Heide-Fisch aus der Haddinge Land,
Ungeschnittne Ähre und Eingeweide von Tieren.

Im Gebrauten beisammen war Bosheit viel,
Blüten von Bäumen und geröstete Eicheln,
Tau des Herdes und geweihte Eingeweide,
Schweinsleber, die den Schmerz betäubt."

Da vergaß ich, als sie mir den Trank reichten,
dort in meiner Halle, den Mord an meinem Gatten.

Ein Teil der Zaubertankzutaten aus diesem Rezept läßt sich aus den germanischen Mythen heraus erklären:

1. *„Schweinsleber", „Schweineblut"*

Es hat das Opfer eines Schweines gegeben, das normalerweise bei Bestattungen stattfand. Auch in Walhalla essen die toten Krieger das Fleisch des Ebers Sährimnir, der nach jeder Schlachtung neu entsteht, was eine Umdeutung der Wiedergeburtssymbolik ist.

2. *„Tiereingeweide", „geweihte Eingeweide"*

Tiereingeweide wurden zu Orakelzwecken benutzt. Diese Eingeweide könnten durchaus von den geopferten Schweinen gestammt haben.
Diese Zaubertrank-Zutat stammt wie die vorige aus dem Kult der Germanen.

3. *„ungeschnittene Ähren", „geröstete Eicheln", „Blüten von Bäumen"*

Die „ungeschnittenen Ähren" klingen nach einem Erntezauber, bei dem die Ähren des Getreides nicht verletzt, sondern nur ausgerupft werden durften.

Die „gerösteten Eicheln" könnten ein Nahrungsmittel sein – aus ihnen wurde Brei, Kuchen und Eichelkaffee hergestellt.

Die „Blüten von Bäumen" klingen nach einer symbolischen Zutat. Sind die Blüten bei den Germanen möglicherweise wie bei anderen Völkern auch als die wiedergeborenen Seelen am Weltenbaum aufgefaßt worden?

4. „Heide-Fisch aus dem Land der Haddinge"

Ein „Heide-Fisch" ist eine Schlange. Die Haddinge waren wie die Nibelungen ein mythisches Volk, das auf die Toten im Jenseits zurückgeht – die Toten sind die „langhaarigen Nifelheim-Leute" („Haddinge" = Langhaarige; „Nibelungen" = „Nebel-Leute"; „Nifelheim" = Nebelheim = Unterwelt).

Der „Heide-Fisch aus dem Land der Haddinge" ist somit ein Totengeist in der Gestalt einer Schlange oder eines Drachen, der in einem Hügelgrab wohnt.

Der Trank ist also mit dem Jenseits assoziiert worden.

5. „Tau des Herdes"

Der „Tau des Herdes" ist die Asche. Dieser Rückstand eines Brandes könnte sich auf das Bestattungsfeuer beziehen, aber auch allgemein als Symbol des Todes („totes und zerstörtes Holz") aufgefaßt worden sein.

Die Asche gehört daher vermutlich ebenfalls zum Jenseits.

6. „eiskalte See"

Vermutlich ist hier nicht das „eiskalt", sondern das Wasser des Meeres das Wesentliche – vielleicht war die Kraft des Meeres ein Bestandteil des Zaubertrankes. Auch eine Assoziation zu der Wasserunterweltsgöttin Ran ist denkbar.

7. „magische Kraft der Jörd"

Zu der Kraft des Meeres kommt nun noch die Kraft der Erdgöttin bzw. der Erde hinzu. Es wäre auch Assoziation zu der Hügelgrab-Jenseitsgöttin Hel denkbar.

8. „herb und kalt"

Das Herbe in diesem Trank könnte von den gerösteten Eicheln stammen und das Kalte von dem Meerwasser – aber diese Geschmacks-Beschreibung könnte auch einfach von Bier inspiriert worden sein.

9. „in das Trinkhorn geritzte und mit Blut gerötete Runen"

Die Runen werden der Verstärkung der Zauberkraft, die sich aus den Zutaten des Trankes ergab, gedient haben.

10. „den Schmerz betäubende Zutaten", „Vergessen", „Bosheit in den Zutaten"

Die Wirkung des Zaubertrankes wird hier recht genau als Schmerz-Betäubungsmittel angegeben, wobei das „Vergessen" zeigt, daß es sich hier eher um eine Art magisches Psychopharmaka als um eine Mittel gegen köperliche Schmerzen handelt.

Die „Bosheit", die in den Zutaten liegt, ist vermutlich eine spätere Umdeutung der magischen Kraft in dem Zaubertrank.

Es ist auffällig, daß drei dieser Zutaten auch bei der Beschreibung der Geburt des Heimdall im „Hyndla-Lied" auftreten:

Einer wurde geboren, / in vergangenen Tagen,
Einer von dem Stamm der Götter, / – Groß war seine Macht! –
Neun Riesinnen / am Rand der Erde
Gebaren den Mann, / der so Waffen-mächtig war.

Dort gebar ihn Gjalp, / dort gebar ihn Greip,
Eistla gebar ihn, / und Eyrgjafa,
Ulfrun gebar ihn, / und Angeyja,
Imth und Atla, / und Jarnsaxa.

Stark wurde er / durch die Stärke der Jörd,
durch die eiskalte See / und durch das Blut der Schweine.

Einer wurde dort geboren, / der Beste von allen,
Und stark wurde er / durch die Stärke der Jörd;
Der Stolzeste wird er genannt, / dieser Verwandte der Menschen,
von allen Herrschern / in der ganzen Welt.

Heimdall ist eine Weiterentwicklung des ehemaligen Sonnengott-Göttervaters Tyr. Er wird am Morgen aus der Erde oder aus dem Meer wiedergeboren und ihm wurden anscheinend Schweine geopfert – vermutlich Eber.

Die neun Riesinnen sind die Jenseitsgöttin – die „9" war bei den Germanen nicht nur eine Zahl, sondern auch ein Adjektiv mit der Bedeutung „zum Jenseits gehörend".

Es läßt sich deutlich erkennen, daß der Vergessenstrank eine starke Wurzel in den alten Sonnenaufgangs-Ritualen gehabt hat, die sich auf Tyr (Heimdall) bezogen haben. Tyr ist auch der Schwertgott („*Waffen-mächtig*") und der Göttervater und Königsgott („*der stolzeste aller Herrscher*") gewesen.

Die Herkunft der Zaubertrank-Zutaten läßt sich nun zumindestens teilweise rekonstruieren:

- Die „eiskalte See" und die „magische Kraft der Jörd" beziehen sich auf die neun Mütter des Tyr-Heimdall, also auf die am Morgen wiedergeborene Sonne.
- Die Schweinsleber und das Schweineblut stammen aus dem Opferritual, das wahr-

scheinlich auch für den Sonnengott-Göttervater Tyr (und später Heimdall) durchgeführt worden ist.

- Die „geweihten Eingeweide" stammen sehr wahrscheinlich aus den Eingeweide-Orakeln, die mit den Opferungen der Tiere in Zusammenhang gestanden haben.
- Der „Heide-Fisch der Haddinge", also der Totengeist in der Gestalt einer Schlange oder eines Drachen, könnte ebenfalls Tyr-Heimdall sein.
- Die „Asche" ist evtl. der Überrest eines Bestattungsfeuers.
- Die „ungeschnittenen Ähren" könnten aus einem Korn-Ritual stammen, bei dem auch das Korn im Winter in die Unterwelt gereist ist – was durch die von Loki abgeschnittenen goldenen Haare des Göttin Sif symbolisiert wird.

Dieser Vergessenstrank stammt somit mit recht großer Wahrscheinlichkeit aus dem Sonnenaufgangs-Ritual des Tyr-Heimdall sowie aus den Bestattungsbräuchen.
Es gibt somit den begründeten Anfangsverdacht, daß das Vergessen in etwa der „Bewußtlosigkeit" der Toten und evtl. auch der Schlafenden entspricht.

III 1. j) Völsungen-Saga

In dieser Saga findet sich dasselbe Zaubertrank-Rezept:

Sie wählten gerne Geschenke für ihre Schwester aus und sprachen sanft zu ihr, aber sie glaubte nichts davon.
Da reichte ihr Gunnar einen Trunk, den sie trinken mußte, in den giftige Dinge gemischt worden waren. Und danach hatte sie keine Erinnerung mehr an die Dinge, die der König ihr angetan hatte.
In diesen Trank war die Macht der Erde und des Meeres mit dem Blut ihres Sohnes vermischt worden. Und in das Trinkhorn waren alle Runen geritzt und mit Blut gerötet worden, so wie es hier gesagt wird:

„*Hinein war gemischt die magische Kraft der Jörd,*
Eiskalte See und Schweine-Blut.

In das Horn hatten sie alle Arten von Runen
Geritzt und gerötet; ich erriet sie nicht.
Einen Heide-Fisch aus der Haddinge Land,
Ungeschnittne Ähre und Eingeweide von Tieren.

*Im Gebrauten beisammen war Bosheit viel,
Blüten von Bäumen und geröstete Eicheln,
Tau des Herdes und geweihte Eingeweide,
Schweinsleber, die den Schmerz betäubt."*

<u>III 1. k)   Die Saga über Thorstein Viking-Sohn</u>

In dieser Saga wird über einen kombinierten „Vergessenstrank" und „Erinnerungs-Trank" berichtet, also über einen Trank, der die Erinnerung nehmen und wieder herstellen kann.

Kol wurde „der Bucklige" genannt. Er hatte drei rare Schätze, diese waren:

   - ein Schwert, das so mächtig war, daß zu dieser Zeit niemand ein besseres schwang, und der Name dieses Schwertes war Angervadil;

   - ein weiterer dieser Schätze war ein goldener Ring, der Gleser genannt wurde;

   - der dritte war ein Horn, das mit einem Trank von solch einer Beschaffenheit gefüllt war, daß jeder, der von seinem unteren Teil trank, sofort von der Krankheit, die man Lepra nennt, befallen und so vergeßlich wird, daß er sich an nichts aus der Vergangenheit erinnern kann; aber wenn man von dem oberen Teil dieses Hornes trinkt, wird die Gesundheit und die Erinnerung sofort wiederhergestellt.

... ...

*An demselben Tag landete Viking auf der Insel und er ging an Land um es sich gutgehen zu lassen. Er wandte seine Schritte zu einem Wald und ihm wurde sehr heiß.
Als er zu einer Lichtung in dem Wald gekommen war, ließ er sich nieder und sah eine Frau von auserlesener Schönheit dahergehen.
Sie kam zu ihm, grüßte ihn sehr sehr höflich und er empfing sie sehr freundlich.
Sie sprachen lange Zeit zusammen und ihre Unterhaltung wurde sehr freundschaftlich.
Er frug sie nach ihrem Namen und sie nannte sich Solbiart („Sonnenlicht").
Sie frug, ob er nicht durstig sei, da er so weit gewandert sei, aber Viking sagte, daß er das nicht sei.*

Da nahm sie ein Horn, das sie unter ihrem Umhang bei sich trug, und bot ihm einen Trunk an, den er annahm.

Als er davon getrunken hatte, wurde er schläfrig und beugte seinen Leib in den Schoß der Solbiart und schlief ein.

Doch als er wieder erwachte, war sie fort. Er fühlte sich durch den Trunk etwas seltsam und sein ganzer Körper zitterte. Das Wetter war windig und kalt geworden und er hatte fast alles aus seiner Vergangenheit vergessen – und am wenigsten konnte er sich an Hunvor erinnern.

Da ging er zu seinem Schiff und fuhr von diesem Ort fort und mußte auf seinem Lager liegen, da er die Krankheit, die man Lepra nennt, bekommen hatte.

Diese Szene mit der zauberkundigen Frau und dem Vergessenstrank ist eine Weiterentwicklung derselben Szene aus der Saga über Hedin (Tyr) und Högni (Loki). Hier zeigt sich wieder die enge Verbundenheit des Vergessenstrankes mit der Symbolik des ehemaligen Sonnengott-Göttervaters Tyr.

... ...

Sieben Nächte waren vergangen, seitdem Lit Halfdan getroffen und ihm das Horn gebracht hatte. Dies machte Halfdan sehr glücklich und er ging zu Viking, von dem fast alle dachten, daß er dem Tod nicht mehr fern sei.

Halfdan flößte einen Tropfen von der Flüssigkeit aus dem oberen Teil des Hornes zwischen Vikings Lippen. Dies brachte Viking wieder zu Bewußtsein. Er wurde wieder stärker und war wie ein Mensch, der aus einem Schlummer erwacht ist, und die Unreinheit fiel von ihm ab wie Schuppen von einem Fisch. So ging es ihm Tag für Tag besser und er wurde wieder ganz gesund.

Dieser Trank ist eng mit dem Tod und der Wiedergeburt assoziiert worden – die Wurzel dieses Sagen-Motivs ist offenbar der Bestattungstrank bzw. das Horn voll Met, das die Toten bei ihrer Ankunft im Jenseits von einer Walküre gereicht bekamen (siehe auch „Göttermet" in Band 69).

Die Umdeutung in einen krankmachenden Trank wird recht neu sein.

III 1. l) Havamal

In dieser Sprüchesammlung berichtet Odin auch über seine Reise zu Gunnlöd, von der er den Göttermet geraubt hat. Hier wird Suttung, der wie Utgardloki-Skrymir ein Tyr-Riese ist, „Fialar" genannt. Der „Felsen des Fialar" ist das Hügelgrab („Hnitbjörg"), in dem Odin die Gunnlöd aufsucht.

Odin:
"Der Reiher der Vergessenheit überrauscht Gelage
Und stiehlt die Besinnung.
Des Vogels Gefieder befing auch mich
In Gunnlöds Haus und Gehege.

Trunken ward ich und übertrunken
In des schlauen Fialars Felsen.
Trank mag taugen, wenn man ungetrübt
Sich den Sinn bewahrt."

Das Bild des „Reihers der Vergessenheit" ist interessant, da ein Reiher zunächst einmal nichts mit dem Vergessen zu tun hat. Er könnte jedoch durchaus wie die beiden Wasservögel Schwan und Storch ein Symbol der Seele in der Wasserunterwelt gewesen sein. Da Odin zu Menglöd (Freya) ins Jenseits gereist ist, wäre dieser Reiher dann ein Teil der Assoziationskette „Gunnlöds Met – Jenseits – Seelenvogel – Tod". Der Reiher würde dann dem Adler entsprechen, in den sich Odin nach seinem Besuch bei Gunnlöd verwandelt hat.

Die Trunkenheit des Odin in „Fialars Felsen", d.h. in Gunnlöds Hügelgrab, ist nicht nur einem Übermaß an Alkohol zuzuschreiben, sondern eher der Symbolik des Skaldenmets, der ursprünglich wie bei den anderen Indogermanen der Göttermet gewesen sein wird, der das Leben im Jenseits gab.

Die Assoziation des Vergessens mit dem Met aufgrund der Verwendung des Mets im Bestattungsritual ist somit recht deutlich.

III 1. m)   Die Saga über Sörli den Starken

Dann geleitete sie den Königssohn zu dem Bett und er fand, daß dies Bett so gut bereitet war, daß es einem Königssohn wohl anstand, in ihm zu schlafen.
Da nahm die alte Frau ein Horn und bat ihn, daraus zu trinken, was er tat. Er fand, daß es nicht übel schmeckte und fiel schon nach kurzem in Schlaf.

Dieses Horn und der Trank in ihm ist vermutlich eine „light-Version" des Begrüßungstrunks, den die Toten bei ihrer Ankunft im Jenseits erhielten.

III 1. n)   Die Saga über Halfdan Brana-Ziehsohn

An die Stelle des Vergessens-Zaubertrankes konnte in späteren Sagas auch ein Vergessens-Fluch treten:

Doch als Soti den Tod seines Bruders sah, stürmte er auf Halfdan zu und schlug nach ihm. Halfdan sprang in die Luft empor und Soti verfehlte ihn und Sotis Schwert drang in die Erde ein. Doch Soti schlug erneut zu. Da hieb Halfdan beide Beine des Soti an seinen Knien ab.

Er stürzte nieder und war halbtot und sprach: „Du hast nun einen großen Sieg errungen, Halfdan," sagte er, „da Du mich auf das Schlachtfeld gelegt hast. Aber ich verfluche Dich, daß Du niemals Marsibil, Deine Angetraute wiedersehen wirst!"

Mit diesen Worten starb Soti und Halfdan tötete jeden, der Soti gefolgt war.

Halfdan wurde zum König über Dänemark ernannt, aber konnte sich nicht mehr an die Königstochter Marsibil erinnern.

Das Motiv des Vergessenstrunkes hat sich aus dem Trinken des rituellen Mets bei Bestattungen und anderen Jenseitsreisen ergeben. Er ist im Besitz der Jenseitsgöttin Freya-Göndul bzw. der Zauberin-Königin Kriemhild und könnte dem Met entsprechen, den eine Walküre den Toten reicht, wenn sie im Jenseits angelangen (siehe „Göttermet" in Band 69).

Das Bild des „Reihers der Vergessenheit" wird durch den Seelenvogel entstanden sein, der ebenfalls eng mit dem Tod assoziiert wurde, da man ihn normalerweise nur erlebt, wenn man beim Tod als Seele den eigenen Körper verläßt und dann wie ein Vogel über diesem schwebt.

Auch das Schwanenhemd der Walküren und die Schwanengestalt, die sie durch dieses Hemd annehmen können, stammt aus der Seelenvogel-Symbolik: Wenn die Jenseitsgöttin die Toten als Seelenvögel wiedergebiert, muß sie auch selber die Gestalt eines Vogels annehmen können; diese Gestalt wurde dann auch auf die Walküren als ihre Botinnen übertragen.

Der Vergessenstrank wird stets von einer Göttin bzw. Frau gereicht – ohne das Wissen des Opfers. In fast allen Fällen ist das Opfer ein Mann; in einem Fall ist es die eigene Tochter der Frau.

In allen Fällen, in denen der Mann den Trank zu sich nimmt, soll der Mann seine frühere Geliebte bzw. die Frau ihren früheren Geliebten vergessen. Es handelt sich also nicht um ein generelles Vergessen, sondern um eine „partielle Amnesie".

Diese Symbolik, die sich vermutlich auf die Jenseitsreise bezieht, wurde später auch auf die Saga-Varianten der Göttin (Gudrun) ausgeweitet (siehe dazu „Inzest" in Band 51).

Sigurd Drachen-Töter, der durch Grimhild den Trank erhalten hat, hat zuvor eine Jenseitsreise unternommen (Waberlohe, Drachen-Tötung, Walküre usw.).

Högni, der durch Freya den Trank erhalten hat, ist eine Sagen-Variante des Loki, der einst einen endlosen Kampf gegen Tyr geführt hat, durch den die Jahreszeiten entstanden sind. Auch in der Saga kämpft Högni gegen Tyr-Hedin. Sigurd ist ein Sagen-Nachfolger des Tyr und des Odin und sein Mörder Hagen ist der Sagen-Nachfolger des Loki-Högni. Es handelt sich hier also nicht nur um dasselbe Motiv, sondern auch um dieselbe Mythe bzw. Sage.

Thorstein Viking-Sohn, der durch Solbiart („Sonnenstrahl" = Freya) den Trank erhalten hat, vergaß dadurch seine Geliebte Hunvor. Dies wird eine Variante des Brünhild/Gudrun-Themas in dieser recht spät entstandenen Saga sein.

Der Trank, den Gudrun von Grimhild erhalten ist, ist vermutlich eine Variation des Motivs des Trankes, den Grimhild dem Sigurd gereicht hat – dies Motiv war an einer anderen Stelle derselben Saga hilfreich, um den Handlungsfluß plausibel zu machen.

Es ist somit die Jenseitsgöttin, die dem Helden/Tyr bzw. dessen Gegenspieler/Loki den Vergessenstrank reicht. Eigentlich sollte man in dieser Szene den Wiedergeburtstrank erwarten.

Vermutlich ist der Vergessenstrank aus dem Wiedergeburtstrank auf dieselbe Weise entstanden, wie der todbringende „Apfel der Hel" (siehe das Märchen „Schneewittchen") aus dem lebengebenden „Apfel der Idun": Die ursprünglich im Jenseits hilfreichen Symbole wurden durch ihre Assoziation mit dem Tod im Laufe der Zeit zu einem Symbol des Todes …

III 2. **Der Vergessenstrank in der indogermanischen Überlieferung**

Außer von den Germanen ist ein durch Magie bewirktes Vergessen nur noch von den Kelten bekannt. Bei den Kelten und bei den Griechen findet sich daneben noch der dem Vergessenszauber nah verwandte Schlafzauber.

Sowohl der germanisch-keltische Vergessenstrank bzw. Vergessenszauber als auch der keltisch-griechische Schlafzauber wird vermutlich eine „Spezialisierung" des Ritualgetränkes sein, das man bei den Bestattungen trank.

III 2. a)   Der Vergessenstrank in der keltischen Überlieferung

Der magische Mantel des Meeresjenseits-Gottes Manannan Mac Lir besaß auch die Kraft, jegliche Erinnerungen zu löschen. Das Vergessen ist eine häufige Assoziation zum Tod, weshalb dieser Mantel als ein plausibler Besitz des Unterweltgottes erscheint. Die Unsichtbarkeits-Wirkung dieses Mantels ist eine eine magisch-technische Erklärung der Unsichtbarkeit der Seele. Dieser Mantel entspricht bei den Germanen die „Tarnkappe" – wobei die „Kappe" eigentlich ein „cape" ist (hier liegt ein alter und oft wiederholter Übersetzungsfehler vor).

Das Motiv des Seelenvogels (Seele), der Unsichtbarkeit (der Seele) und des Vergessens gehören offenbar zusammen und stellen drei Aspekte der Seele bzw. des Todes dar.

Gelegentlich wird auch von einem „Trank des Vergessens" berichtet, mit dessen Hilfe die Druiden die gesamte Erinnerung eines Menschen auslöschen konnten.

Fionn mac Cumhaill

Möglicherweise ist auch das Einschläfern in dieser Geschichte dem „Vergessen" nahe verwandt.

Fionn ging nach einiger Zeit an Samhain (Nacht zum 1. November) *an den Hof des irischen Hochkönigs Cormac Mac Art in Tara. In dieser Nacht, in der die Tore zum Jenseits offenstehen, kam seit vielen Jahren Aillen* (der „Verbrenner"), *einer der Tuatha de Danan* (Götter), *aus dem Jenseits nach Tara, schläferte alle Menschen mit seiner Harfenmusik ein und verbrannte dann das Schloß des Hochkönigs mit seinem Feueratem bis auf die Grundmauern nieder.*

Dieser „Aillen", der aus dem Jenseits kommt, scheint ein Feuerdrache gewesen zu sein. Es besteht also auch hier ein sehr deutlicher Zusammenhang zwischen dem Schlaf („Vergessen") und dem Jenseits.

Die Geschichte des irischen Königs Cormac mac Art

Auch der „einschläfernde Zweig" in diese Sage könnte mit dem Vergessenszauber verwandt sein.

Eines Tages in der Morgendämmerung im Mai, stand Cormac, Sohn des Art, Sohn des Conn der Hundert-Bekämpfende, alleine an dem Stein von Tara, an dem manchmal auch der Sonnengott Lugh erschien.

Dort sah er einen ruhigen, grauhaarigen Krieger auf ihn zukommen – er hatte einen purpurroten Mantel, der an seinem Rand mit Fransen verziert war, um sich gelegt; er trug ein geripptes, goldbesticktes Hemd auf seiner Haut; und zwei Schuhe aus mattierter Bronze waren zwischen seinen Füßen und der Erde.

Er trug einen Zweig in seiner Hand und wenn er diesen Zweig schüttelte, erklang eine Musik, die eine Fülle von Freude und Seligkeit in denen erweckte, die ihr lauschten. Männer, die schwer verwundet waren, Frauen, die in Wehen lagen, und Menschen, die in schweren Krankheiten darniederlagen, fielen in einen tiefen Schlaf, wenn sie die Melodie hörten, die das Schütteln des Zweiges erklingen ließ.

Einige spätere Fassungen dieses Schlafzaubers sind in den Märchen „Dornröschen" und „Schneewittchen" zu finden.

Der grauhaarige Krieger ist der Sonnengott Lugh.

III 2. b)   Der Vergessenstrank in der griechischen Überlieferung

Auch hier findet sich lediglich ein Schlafzauber:

Odyssee 5, 43:
Der rüstige Argosbesieger
Eilte sofort, und band sich unter die Füße die schönen
Goldnen ambrosischen Sohlen, womit er über die Wasser
Und das unendliche Land im Hauche des Windes einherschwebt.
Hierauf nahm er den Stab, womit er die Augen der Menschen
Zuschließt, welcher er will, und wieder vom Schlummer erwecket.
Diesen hielt er und flog, der tapfere Argosbesieger,

Der Argosbesieger ist der Gott Hermes.

> Der Schlafzauber bei den Kelten und bei den Griechen entspricht recht sicher dem Vergessenszauber bei den Germanen.

IV   Die Glücks- und Weisheits-Speise

Es ist nur ein einziger „Glückstrank" bekannt und dieser stammt zudem aus den Texten eines christlichen Mönches, was einen Ursprung dieses Motivs in der christlichen, griechischen, römischen oder keltischen Tradition nicht ganz ausschließt.

Der von dem dänischen Mönch Saxo dem Schriftkundigen verfaßte Text macht jedoch den Eindruck, als ob er recht originalgetreu einer germanische Tradition nacherzählt worden sei – mag diese Saxo nun schriftlich vorgelegen oder mündlich erzählt worden sein.

IV 1.   Die Glücks- und Weisheitsspeise in der germanischen Überlieferung

IV 1. a)   Gesta danorum

Roller wurde von seinem Vater ausgesandt um nachzusehen, was derweil zu Hause geschehen war.

Als er Rauch aus der Hütte seiner Mutter aufsteigen sah und vorsichtig mit einem Auge durch eine Ritze hineinblickte, sah er seine Mutter etwas Gekochtes in einem übel aussehen Topf rühren. Er sah außerdem drei Schlangen, die von oben an einer dünnen Schnur herabhingen und aus deren Mäulern in Tropfen Speichel in das Mahl hinabtropfte.

Nun waren zwei von ihnen von dunkler Färbung, während die dritte weißliche Schuppen hatte und etwas höher als die beiden anderen hing. Diese letzte war an ihrem Schwanz festgebunden worden, während die beiden anderen mit einer Schnur um ihren Bauch gebunden worden waren.

Roller fand, daß das Ganze nach Magie aussah, aber schwieg über das, was er gesehen hatte, damit er nicht seine Mutter der Magie beschuldigte – denn er wußte nicht, ob diese Schlangen in der Natur harmlos waren oder wieviel Stärke für das Mahl gebraut wurde.

Dann kamen Ragnar und Erik herbei und traten, als sie Rauch aus der Hütte aufsteigen sahen, ein und setzten sich zum Mahl. Als sie am Tisch saßen und Krakas Sohn und Stiefsohn mit dem Essen beginnen wollten, setzte sie ihnen eine kleine Schüssel mit einer fleckigen Masse vor, die zum Teil dunkel, aber mit gelben Flecken war, während ein anderer Teil weißlich war: Der Inhalt des Topfes hatte entsprechend der Färbung der Schlangen eine verschiedene Färbung angenommen.

Und nachdem jeder von ihnen ein kleines Stückchen gegessen hatte, drehte Erik, der das Mahl nicht nach seiner Farbe, sondern nach seiner innerlich stärkenden Wirkung beurteilte, die Schüssel schnell herum und schob dadurch den Teil zu sich, der zwar schwarz war, aber aus den stärkeren Säften bestand, und setzte dadurch den den weißlichen Teil, der zuvor vor ihm selber gestanden hatte, zu Roller und aß daraufhin selber mehr von seinem Mahl.

Um zu vermeiden, daß es so aussah, als ob der Tausch Absicht gewesen sei, sagte er: „So wird der Bug zum Heck, wenn die See heftig wogt."

Der Mann hatte nicht wenig Schlauheit, in dieser Weise die Vorgänge bei einem Schiffes zu benutzen, um seine geschickte Tat zu verbergen.

Da erlangte Erik, der nun durch sein glückliches Mahl erfrischt worden war, durch dessen innere Wirkung den höchsten Grad an menschlicher Weisheit, denn die Macht des Mahles ließ in ihm die ganze Fülle des Wissens in einem unglaublichen Ausmaß entstehen, sodaß er sogar die Fähigkeit erlangte, die Rufe der wilden Tiere und des Viehs zu verstehen, da er nun nicht nur in allen Angelegenheiten der Menschen gut bewandert war, sondern auch die genauen Gefühle der Tiere verstehen konnte, die sie durch ihre Töne ausdrückten. Er war nun auch mit einer Beredsamkeit begabt, die so höflich und anmutig war, daß er alles, was auch immer er sagen wollte, mit einem Fluß von geistreichen Sprichworten versehen konnte.

Doch als Kraka herbeikam und sah, daß die Schüssel herumgedreht worden war und daß Erik den stärkeren Teil des Mahles gegessen hatte, klagte sie darüber, daß das Glück, daß sie für ihren Sohn gebraut hatte, nun zu ihrem Stiefsohn gelangt war. Da begann sie zu seufzen und bedrängte Erik, daß er niemals aufhören solle, seinem Bruder zu helfen, da seine Mutter ihm solch ein kostbares und seltenes Glück gegeben hatte – denn durch das Verspeisen eines einzigen schmackhaften Mahles hatte er die höchste Weisheit und Beredsamkeit erlangt und dazu noch eine große Aussicht auf Erfolg im Kampf.

Sie fügte noch hinzu, daß Roller fast genausoguten Rat geben konnte und daß er nicht vollkommen den Leckerbissen verpaßt hatte, der für ihn bestimmt gewesen sei. Sie sagte ihm ebenfalls, daß er im Falle einer großen und heftigen Not schnell Hilfe erlangen könne, indem er ihren Namen rief. Sie erklärte ihm, daß sie zum Teil in ihre inneren göttlichen Eigenschaften vertraute und daß sie mit den Göttern Umgang pflegte und daß sie eine angeborene und himmlische Macht in sich trug.

Erik sagte, daß er natürlich dahingezogen werden würde, seinem Bruder beizustehen, und daß der Vogel schändlich sei, der sein eigenes Nest beschmutze.

Doch Kraka war mehr wegen ihrer eigenen Unvorsichtigkeit besorgt als von dem Unglück ihres Sohnes belastet, denn in den alten Zeiten war es für einen Handwerker eine bittere Scham, in seinem eigenen Bereich überlistet zu werden.

Die „Zauberspeise" der Kraka hat zwei Wirkungen: Weisheit und Glück im Kampf.

Diese Speise hat somit Ähnlichkeit mit der Stärkungs-Speise, die in der Gesta danorum von den drei weisen Frauen mithilfe des Giftes dreier Schlangen hergestellt wird (siehe Kapitel V).

Die Weisheit und die Gabe, Tierstimmen zu verstehen, erinnert hingegen an das Verstehen der Vogelstimmen durch Sigurd, nachdem er von dem Herz des Drachen Fafnir gegessen hatte – zumal ein Drache letztlich vor allem eine „große Schlange" ist. Die Weisheit hat wiederum große Ähnlichkeit mit dem Skalden-Met, der aus dem Blut des Kwasir hergestellt worden ist, in den die Götter ihre gesamte Weisheit gelegt hatten.

IV 2. Der Glücks- und Weisheitstrank in der indogermanischen Überlieferung

IV 2. a) Kelten

Dieser Trank ist durch die Weiterentwicklung des indogermanischen Ritualtrankes (Met, Soma, Haoma, Nektar), entstanden, der ursprünglich dem Trinker die Unsterblichkeit im Jenseits verleihen sollte.

Bei den Kelten findet sich ein solcher Weisheitstrank in Cerridwens Kessel, aus dem der Druide-Barde Taliesin trank und somit weise und zauberfähig wurde. Ein ähnliches Motiv sind die Lachse bzw. Haselnüsse des Dagda, die ebenfalls Weisheit verleihen.

In der Cerridwen-Mythe gelangt der Trank wie in der eben berichteten Geschichte aus der Gesta danorum zu jemand anderem als zu dem, für den er gedacht gewesen ist.

Taliesin

Die ausführlichste keltische Beschreibung des Weisheits-Trankes findet sich in der Geschichte des Barden Taliesin.

Der historische Barde Taliesin lebte von ca. 534 n.Chr. bis ca. 599 n.Chr.; die

Darstellung seiner Lebensgeschichte geht aber auf wesentlich ältere Vorstellungen zurück.

Der Name Taliesin bedeutet „strahlende Stirn". Dies kennzeichnet ihn als jemanden, der Magie ausübt, da in einigen keltischen Überlieferungen wie z.B. dem „Stierraub von Cuailgne" beschrieben wird, daß die Stirn eines Mannes, der in sich die Kampfekstase weckt, zu leuchten beginnt. Man wird dieses Leuchten wohl dem Erwachen des Stirnchakras, daß auch „Drittes Auge" genannt wird, gleichsetzen können, da dieses Chakra u.a. im Yoga die Funktion der Durchsetzung des eigenen Willens im Außen durch Worte, Taten und Magie hat.

Taliesin bedeutet daher etwas freier übersetzt „Magier" und „der mit dem erwachten Dritten Auge". Dieses erwachte dritte Auge ist auch das Merkmal des indischen Gottes Shiva.

Es ist daher denkbar, daß Taliesin ursprünglich kein Eigenname, sondern ein Titel für einen Druiden gewesen ist, der ein besonders fähiger Magier war.

Auf einer Insel in Penllyn lebte einst Cerridwen mit ihren Kindern Creidwy und Morfan. Creidwy wuchs zu einer schönen und lieblichen Maid heran, aber ihr Bruder war so häßlich, daß er nur „Afagddu" genannt wurde, was „tiefste Finsternis" bedeutet. Er hatte einen behaarten Körper wie ein Hirsch und ein rauhes, abscheuliches Benehmen. Das bekümmerte seine Mutter Cerridwen sehr, und so beschloß sie, einen Trank zu brauen, der ihm als Ausgleich für sein abstoßendes Äußeres Weisheit und Inspiration schenken sollte.

Der Trank mußte ein Jahr und einen Tag kochen, und zu vorgeschriebenen Zeiten mußten bestimmte Kräuter gepflückt und hinzugefügt werden. Nach dieser Frist sollten die „drei Tropfen der Inspiration" nach dem Willen Cerridwens ihren Sohn zum Weisen und Zauberer machen. Der Rest der Flüssigkeit in dem Kessel würde aber zu einem tödlichen Gift werden. Cerridwen stellte einen alten blinden Mann mit dem Namen Morda (Tod) und seinen jungen Schützling Gwion Bach an, um den Trank zu rühren, während sie selbst auf Kräutersuche war.

Gwion schürte das Feuer und wechselte sich mit dem Alten an Cerridwens Kessel ab. So vergingen die Monde und es nahte der Tag, an dem der Zaubertrank fertig werden sollte. Lange hatte Cerridwen den Trank gebraut und war weit gewandert, um die seltenen und fremdartigen Kräuter zu sammeln, die sie für ihn benötigte. Schließlich hatte Cerridwen die letzten Kräuter hinzugefügt und ging ihren Sohn Afagddu holen. Da blubberte das Gebräu plötzlich auf und drei Tropfen spritzten auf Gwions Hand. Schnell leckte er sie ab, um seine Finger zu kühlen. Ab diesem Augenblick konnte er alles in der Welt hören und verstand mit einem Mal alle Geheimnisse der Vergangenheit, der Gegenwart und der Zukunft – und wußte sofort, daß Cerridwen sehr wütend werden würde, wenn sie bemerkte, daß er die drei Tropfen geschluckt hatte.

Als Cerridwen zurückkam, sah sie sofort, was geschehen war und wurde sehr zornig, denn nun mußte Afagddu häßlich und dumm bleiben. Sie stürzte sich auf Gwion, der hinunter zum Wasser floh. Um ihr zu entkommen, verwandelte er sich in einen Hasen, aber Cerridwen wurde zu einem Windhund und blieb ihm auf den Fersen. Da verwandelte sich Gwion am Ufer des Sees in einen Fisch und schwamm davon, aber Cerridwen verwandelte sich sofort in einen Fischotter und folgte ihm. Da tauchte Gwion auf und wurde zu einem Vogel, aber Cerridwen wurde zu einem Falken und setze ihm nach. Da ließ sich Gwion als Weizenkorn zu Boden fallen, mitten in einen Haufen anderer Weizenkörner. Cerridwen verwandelte sich daraufhin in eine Henne und pickte Korn für Korn auf bis sie auch Gwion hinuntergeschluckt hatte.

Dann nahm Cerridwen wieder ihre menschliche Gestalt an. Doch nun trug sie den Samen in sich und neun Monate später gebar sie einen prächtigen Sohn. Noch immer hatte sich ihr Zorn auf Gwion nicht gelegt und sie wollte ihn loswerden. Er war aber ein so schöner Knabe, daß sie es nicht übers Herz brachte, ihn zu töten. So legte sie ihn in einen harten, fellbezogenen Weidenkorb und setzte ihn auf einem großen See aus. Er trieb auf dem See dahin, bis er an einem Fischwehr hängenblieb. Das Wehr erfreute sich großer Beliebtheit im Königreich, da es zu Celsamhain (Walpurgis, Nacht zum 1. Mai) immer eine reiche Beute an Lachsen brachte.

In diesem Jahr war Elphin, der Sohn des Gwyggno Garanhir, der als der größte auf Erden lebende Pechvogel bekannt war, auf der Suche nach Fischen zu dem Wehr gekommen. Als er den schönen Knaben in dem Korb entdeckte, rief er „eine strahlende Stirn!" Und das heißt auf walisisch „Tal iesin!". Das Kind aber antwortete zu Elphins Überraschung „Ich bin Taliesin!".

Elphin nahm den Knaben mit nach Hause und sein Vater war von ihm so entzückt, daß er beschloß, ihn selbst aufzuziehen. Taliesin wurde schon in seiner Kindheit ein beliebter Sänger und Harfner, dessen Lieder magische Kräfte besaßen und den Sturm rufen sowie Tiere und Menschen verzaubern konnten. Taliesin brachte Elphin, dessen Barde er wurde, Glück und Gedeihen.

Die zu Penllyn gehörende Insel liegt heute in dem Kreis Gwynedd in Nordwest-Wales an der Küste gegenüber Irland.

Der Name Cerridwen bedeutet schlicht „Frau (wen) des Kessels (cerru)" – sie wird durch diesen Namen geradezu als die Göttin des Kessels, also als die Göttin der Wiedergeburt gekennzeichnet. Cerridwen ist die Große Mutter in ihrer Eigenschaft als Gebärerin im Diesseits und im Jenseits sowie speziell die Beschützerin und Segnerin im Kessel-Wiedergeburtsritual.

Der Name Gwion Bach hat letztlich dieselbe Bedeutung wie der Name Taliesin: Gwion bedeutet „schön, gesegnet" und kennzeichnet ihn als eine Person, die in der Fhirinne (Richtigkeit") ruht und aus ihr heraus handelt und deshalb in ihrem Handeln magisch wirksam und erfolgreich ist.

Eine frühere Form dieses Namens ist Fionn. Auch dieser Mann aus den keltisch-irischen Sagen, der in noch früheren Zeiten Demna hieß, erlangte unverhofft die Weisheit und die Fhirinne: Er wachte als Helfer des Fintan über das Kochen des „Lachses der Weisheit", wobei ihm einige Fetttropfen auf den Daumen spritzen, den er vor Schmerz sofort in seinen Mund steckte und so die Fhirinne erlangte und nun in Fionn, also in „der Schöne/Gesegnete" umbenannt wurde.

Das von Cerridwen verschluckte Samenkorn ist vermutlich ein Symbol für eine magische Vereinigung des Toten mit der Göttin im Jenseits, die schließlich zu der Wiedergeburt des Gwion Bach als Taliesin führte.

Der alte Mann mit dem Namen Morda („Tod") wird ursprünglich der Tote oder sonstige Jenseitsreisende vor seiner Wiedergeburt gewesen sein. Ein solches Motiv findet sich häufig in den indogermanischen Religionen: Der alte Sonnengott stirbt am Abend, zeugt sich selber im Jenseits zusammen mit der Muttergöttin und wird am Morgen als junger Sonnengott wiedergeboren.

Wahrscheinlich geht auch Afagddu wie Morda letztlich auf den sterbenden Gott, die Toten und die Schamanen zurück, die im Jenseits wiedergeboren werden und sich dabei erneuern und somit auch „verschönern" – und folglich vorher „häßlich" gewesen sind.

Die drei Tropfen, die Gwionn bzw. Fionn versehentlich schluckte, haben bei den Germanen eine Parallele in den drei Zügen, in denen Odin die drei Metgefäße der Gunnlöd austrinkt und sich danach in einen Adler (Seelenvogel) verwandelt.

Aus dem magischen Kessel wurde später in der ritterlich-höfischen Literatur der Heilige Gral, der auch als das Gefäß aufgefaßt wurde, in dem Christi Blut aufgefangen wurde, das ihm nach dem Lanzenstich am Kreuz aus der Seite floß. Der Gral ist symbolisch auch eng mit dem Abendmahlskelch verbunden.

<u>IV 2. b) Griechen</u>

Homer berichtet über einen Trank, der Frohsinn verleiht:

Odyssee 4, 219:
Aber ein Neues ersann die liebliche Tochter Kronions:
Siehe, sie warf in den Wein, wovon sie tranken, ein Mittel
Gegen Kummer und Groll und aller Leiden Gedächtnis.
Kostet einer des Weins, mit dieser Würze gemischet;
Dann benetzte den Tag ihm keine Träne die Wangen,
Wär' ihm auch sein Vater und seine Mutter gestorben,

Würde vor ihm sein Bruder, und sein beliebtester Sohn auch
Mit dem Schwerte getötet, daß seine Augen es sähen.
Siehe so heilsam war die künstlich bereitete Würze,
Welche Helenen einst der Gemahlin Thons Polydamna
In Ägyptos geschenkt. Dort bringt die fruchtbare Erde
Mancherlei Säfte hervor, zu guter und schädlicher Mischung;
Dort ist jeder ein Arzt, und übertrifft an Erfahrung
Alle Menschen; denn wahrlich: Sie sind vom Geschlechte Päeons.

Die „Tochter des Kronos" ist Demeter.

Der Trank bzw. die Speise, die weise macht, ist auch von den Kelten bekannt und wird dort von der Göttin Cerridwen gebraut und von dem späteren Barden-Druiden Taliesin (versehentlich) getrunken.

Die Griechen kannten einen Trank, der froh machte und alles Leid vergessen ließ. Dieser Trank befand sich im Besitz der Erd- und Unterweltsgöttin Demeter.

V   Der Stärketrank

V 1.   Der Stärketrank in der germanischen Überlieferung

V 1. a)   Gesta danorum

In dieser „Geschichte der Dänen" wird ein Stärketrank beschrieben, der hier zu einer „Stärke-Speise" geworden ist. Er ist im Besitz von drei Jungfrauen, die die drei Nornen sein werden.

In der folgenden Sage ist die religiöse Mythe über Baldur („Balder") und Hödur („Hother") zu einer halbhistorischen Sage geworden.

Hother jedoch wanderte auf den abgelegensten Seitenwegen und durchquerte einen unbewohnten Wald und kam schließlich zu einer Höhle, in der drei Jungfrauen lebten, die er nicht kannte, aber es stellte sich heraus, das es dieselben waren, die ihm einst die undurchdringliche Rüstung gegeben hatten.

Als sie ihn frugen, warum er zu ihnen gekommen sei, berichtete er ihnen von dem schrecklichen Ausgang des Krieges. Er begann über das Unglück seiner Fehlschläge und über seine Unglück zu weinen und er verdammte ihren Treuebruch und klagte, daß die Dinge sich für ihn nicht so entwickelt hätten, wie sie es ihm versprochen hatten.

Die Jungfrauen sagten ihm jedoch, daß er, obwohl er nur selten siegreich gewesen sei, seinem Feind doch genausoviel Schaden zugefügt habe wie er ihm und daß er genausoviele Leichen auf der Seite seines Feindes verursacht habe wie dieser auf Hothers Seite. Sie sagen ihm weiterhin, daß der Sieg schon bald sein sein werde, wenn er eine bestimmte außergewöhnliche und besondere Speise in seine Hände bekommen könne, die die dafür geschaffen worden war, um Balders Kraft zu vergrößern. Nichts würde mehr schwierig sein, wenn er diese Speise erlangen könnte, die dafür bestimmt war, die Stärke seines Feindes zu erhöhen.

... ...

Auf der anderen Seite musterte Balder die Dänen und traf Hother auf dem Schlachtfeld. Beide Seiten verursachten ein großes Gemetzel und die Verluste waren auf beiden Seiten fast gleich, als die Nacht die Schlacht beendete. Um die Zeit der dritten Wache schlich Hother von allen unerkannt um den Feind auszuspionieren – seine Anspannung wegen der drohenden Gefahr hatte all seinen Schlaf verbannt. Diese große Aufregung fördert nicht die Entspannung des Körpers und innere Unruhe erträgt nicht das Ruhen des Körpers.

Als er in Balders Lager kam, hörte er, daß drei Jungfrauen hinausgegangen waren und die geheime Speise des Balder mit sich trugen. Er lief ihnen nach (ihre Fußstapfen im Tau verrieten ihren Weg) und betrat schließlich ihre gewohnte Behausung. Als sie ihn frugen, wer er sei, antwortete er, daß er ein Lautenspieler sei und er fehlte nicht, als sie ihn auf die Probe stellten, denn als sie ihm eine Leier gaben, stimmte er die Seiten, ordnete und beherrschte die Akkorde mit seinem Federkiel und spielte in angenehmer Weise eine Melodie, die dem Ohr angenehm war.

Die Jungfrauen hatten drei Schlangen, deren Gift sie zur Stärkung in die Speise für Balder mischten, und auch als er in der Behausung war, tropfte das Gift aus den offenen Mündern der Schlangen in die Speise. Einige der Jungfrauen hätten Hother aus Freundlichkeit etwas von der Speise gegeben, wenn es ihnen die älteste nicht verboten und verkündet hätte, daß Balder betrogen werden würde, wenn sie die Körperkraft seiner Feinde stärken würden.

Er hatte nicht gesagt, daß er Hother sei, sondern einer von ihrem Heer. Diese Nymphen gaben ihm aus ihrer Freundlichkeit heraus einen Gürtel von vollkommenem Glanz sowie einen Gürtel, der seinem Träger den Sieg verlieh.

<u>V 1. b)   Gesta danorum</u>

In der bereits geschildete Geschichte über Aslaug-Kraka Sigurd-Sohn sowie ihre Söhne und Stiefsöhne Roller, Ragnar und Erik wird wie in der vorigen Geschichte über eine stärkende Schlangengift-Speise berichtet.

Die Wirkung dieser Speise erinnert an das Verstehen der Vogelstimmen durch Sigurd, nachdem dieser von dem Blut bzw. Fett des Drachenherzen gekostet hat. Die Stärke könnte Sigurds Unverwundbarkeit entsprechen.

Dieser Zusammenhang bestätigt die Vermutung, daß der Zaubertrank aus den Tyr-Mythen stammt, da sowohl Baldur als auch Sigurd eine Sagen-Variante des Tyr ist.

<u>V 1. c)   Heimskringla</u>

In diesem halb-historischen, halb-mythologischen Bericht über die frühen skandinavischen Könige wird ein ängstlicher junger Mann dadurch zu einem starken Krieger, daß er das Herz eines Wolfes aß.

Am nächsten Tag nahm Svipdag das Herz eines Wolfes, briet es am Spieß und gab es dem Königssohn Ingjald zu essen. Von dieser Zeit an war er der allergrausamste Mann und hatte das übelste Temperament.

Vermutlich ist Ingjald durch das Essen des Wolfsherzens zu einem Wolf geworden, d.h. zu einem Ulfhedinn, einem Wolfs-Ekstasekrieger.

<u>V 1. d)   Gesta danorum</u>

Während er noch den Triumph dieser Mut-Taten genoß, versorgte ihn ein Tier des Waldes mit frischen Lorbeeren, denn er traf in einem Dickicht einen großen Bären und tötete ihn mit dem Speer. Er gebot seinem Gefährten Hjalte, seine Lippen an das Tier zu legen und das Blut zu trinken, das aus ihm herausfloß, damit er dadurch stärker werden würde, denn man glaubte, daß ein solcher Trank die Körperkraft vergrößern würde.

Der Stärketrank ist vermutlich eine Weiterentwicklung des Wiedergeburts-Trankes, der eines der wichtigsten Motive in der Religion der Indogermanen ist: Aus der Wiedergeburt im Jenseits in den Mythen wurde eine große Kraft im Diesseits in den Sagen.

Das stärkende Blut des frisch erlegten Bären stammt hingegen eher aus einem alten Jagdritual. Dieser Brauch wird vermutlich zu einem Teil der Vorstellungen der Berserker („Bärenfell-Leute") über sich selber geworden sein.

Die Auffassung, daß man durch das Verspeisen eines Wolfsherzens zu einem Ulfhedinn, also zu einem Wolfs-Ekstasekrieger wird, könnte aus der „Ausbildung" zum Wolfs-Ekstasekrieger stammen.

VI   Raserei-Trank

Dieser Trank ist sehr wahrscheinlich eine Variante des vorigen Trankes, der Glück im Kampf sowie Weisheit verleiht.

VI 1.   Der Raserei-Trank in der germanischen Überlieferung

VI 1. a)   Völsungen-Saga

Es ist nur ein einziges Rezept für einen solchen Aggressions-Trank bekannt und er wird auch nur ein einziges mal erwähnt. Vermutlich haben sich in diesem Motiv der Kraft-Trank und die Berserker-Ekstase vermischt.

Das folgende Rezept könnte von Grimhild, der zauberkundigen Mutter des Gunnar, stammen.

So begannen die Brüder miteinander zu reden und Gunnar sagte, daß es eine Tat sei, die den Tod verdiene – der Raub von Brynhilds Jungfräulichkeit: „Also kommt, laßt uns Guttorm zu der Tat antreiben."

Da riefen sie ihn zu sich und boten ihm Gold und große Ländereien, so viel sie geben konnten. Ja, und sie nahmen einen bestimmten Wurm und etwas Wolfsfleisch und kochten beides zusammen und gaben ihm davon zu essen, so wie der Sänger singt:

„Fisch aus dem Wild-Wald,
glatter, kriechender Wurm,
mit Wolfsfleisch vermischt,
zerhackten sie für Guttorm;

Dann mischten sie dies
in den Becher, in den Wein,
den sein Mund mochte,
und taten noch mehr Zauberer-Taten."

Durch das Essen dieses Fleisches und mit den Dingen um ihn herum und den schweren Worten der Grimhild wurde er so wild und begierig, daß er ihnen sein Wort gab, die Tat zu vollbringen. Und sie versprachen ihm große Ehren als Belohnung dafür.

In dieser Szene wird anscheinend die Berserker- oder Ulfhedinn-Kampfekstase durch einen Zaubertrank herbeigeführt, in den Schlangenfleisch und Wolfsfleisch gemischt worden war. Der Wolf ist als das Tier, mit dem sich die Ulfhedinn identifizierten, vermutlich die wichtigste Zutat dieses Zaubertrankes. Die Schlange könnten als Verbindung zum Jenseits eine notwendige Zutat dieses Trankes gewesen sein: Die Schlange öffnete den Weg ins Jenseits zur Kraft des Wolfes.

Der „Fisch im Wild-Wald" ist eine Kenning für eine Schlange.

In dem Rezept für diesen Trank sind vermutlich das Motiv des Kraft-Trankes und die Berserker-Ekstase miteinander vermischt worden.

VII   Gift

Im Folgenden wird nicht über jegliche Verwendung von Gift bei den Germanen berichtet, sondern nur über die Fälle, bei denen in irgendeiner Weise Magie mit im Spiel war.

VII 1.   Gift in der germanischen Überlieferung

Die Germanen töteten ihre Feinde nicht nur mit Schwert und Axt, sondern gelegentlich auch mit Gift – allerdings ist dies meistens die Methode der Frauen …

VII 1. a)   Völsungen-Saga

Von manchen Männern wird berichtet, daß sie gegen Gift gefeit waren:

Sigmund jedoch war ein so mächtiger Mann, daß er Gift essen konnte, ohne davon Schaden zu nehmen; Sinfiötli aber konnte jegliches Gift ertragen, das sein Äußeres berührte, aber er konnte weder davon essen noch davon trinken.

VII 1. b)   Sinfiötlis Ende

Sigmund, Wölsungs Sohn, war König in Frankenland. Sinfiötli war der älteste seiner Söhne, der andere Helgi, der dritte Hamund. Borghild, Sigmunds Frau, hatte einen Bruder, der Gunnar hieß.

Aber Sinfiötli, ihr Stiefsohn, und Gunnar freiten beide um ein Weib und deshalb erschlug ihn Sinfiötli. Und als er heimkam, da hieß ihn Borghild fortgehen; aber Sigmund bot ihr Geldbuße und das nahm sie an.

Aber beim Leichenschmaus trug Borghild Bier umher; sie nahm Gift, ein großes Horn voll, und brachte es dem Sinfiötli.

Und als er in das Horn sah, bemerkte er, daß Gift darin war, und sprach zu Sigmund: „Der Trank ist giftig."

Sigmund nahm das Horn und trank es aus. Es wird gesagt, daß Sigmund so hart war, daß kein Gift ihm schaden mochte weder außen noch innen; aber alle seine

Söhne konnten Gift nur auswendig auf der Haut ertragen.

Borghild brachte dem Sinfiötli ein anderes Horn und hieß ihn trinken und da geschah wieder wie zuvor.

Und zum drittenmal brachte sie ihm das Horn und diesmal mit Drohworten, wenn er nicht tränke.

Er sprach aber wie zuvor zu Sigmund; da sagte der: „Laß es durch den Schnurrbart seihen, Sohn."

Sinfiötli trank und war alsbald tot.

Sigmund trug ihn weite Wege in seinen Armen und kam da zu einer langen schmalen Furt: Da war ein kleines Schiff und ein Mann darin. Der bot dem Sigmund die Fahrt an über die Furt. Als aber Sigmund die Leiche in das Schiff trug, da war das Boot geladen. Der Mann sprach zu Sigmund, er solle vorangehen durch die Furt. Da stieß der Mann ab mit dem Schiffe und verschwand alsbald.

Der Mann in dem Boot ist der Schamanen-Gott und Göttervater Odin, der seinen Schützling selber abholen kam und ihn mit nach Walhalla nahm. Odin erscheint auch im Harbard-Lied als Jenseitsfährmann.

VII 1. c) Völsungen-Saga

Dieselbe Szene wird auch in dieser Saga berichtet:

Auf dem Fest trug die Königin Borghild den Trank zu den Leuten und sie kam schließlich zu Sinfiötli mit einem großen Horn und sprach: „Nimm und trink, edler Stiefsohn!"

Da nahm er das Horn, blickte hinein und sprach: „Nein, denn dieser Trank ist verhext."

Da sprach Sigmund: „Gib ihn mir." Und mit diesen Worten ergriff er das Horn und trank es aus.

Aber die Königin sprach zu Sinfiötli: „Warum müssen andere Männer Dein Bier für Dich trinken?"

Und sie kam ein zweites Mal mit dem Horn und sprach: „Komm und trink!" Und sie drängte ihn mit vielen Worten.

Er nahm das Horn und sprach: „Verzaubert ist der Trank."

Daraufhin rief Sigmund aus: „Gib es mir!"

Und sie kam noch ein drittes Mal zu ihm und forderte ihn auf, von diesem Trank zu trinken, wenn er das Herz eines Völsungen hätte.

Da legte er seine Hand an das Horn, aber sprach: „Hierin ist Gift."

„Nein, laß Deinen Schnurrbart das Gift herausseihen, o mein Sohn," sprach Sigmund, denn zu der Zeit war er schon sehr trunken von dem vielen Trinken und deshalb sprach er in dieser Weise.

Da trank Sinfiötli und fiel sofort zur Erde nieder.

Sigmund erhob sich und trauerte sich fast zu Tode über ihm. Da nahm er die Leiche in seine Arme und ging fort in den Wald und ging weiter, bis er zu einem gewissen Meeresarm kam.

Dort sah er einen Mann in einem kleinen Boot und der Mann frug ihn, ob er ihn über den Fluß übersetzen solle und Sigmund stimmte zu. Das Boot war jedoch so klein, daß sie nicht alle Platz zusammen in dem Boot hatten. So wurde zuerst der Leichnam hineingelegt, während Sigmund am Ufer wartete. Das Boot und der Mann darin verschwanden jedoch vor Sigmunds Augen.

Danach kehrte Sigmund heim und verjagte die Königin und wenig später starb sie. König Sigmund jedoch herrschte über sein Reich und er wurde als der größte Krieger und König der alten Zeit angesehen.

VII 1. d) Skaldskaparmal

Dasselbe berichtet auch Snorri Sturluson in seinem Skaldenkunst-Lehrbuch:

Es wird gesagt, daß Sigmund Völsung-Sohn so stark war, daß er Gift trinken konnte ohne davon Schaden zu nehmen, und daß sein Sohn Sinfiötli und Sigurd so harthäutig waren, daß ihnen von außen Gift nichts anhaben konnte.

Deshalb hat Bragi der Skalde diese Verse gesungen:

Als die sich schlängelnde Schlange
des Völsungen-Trankes sich windend
an dem Haken des Feindes
der Hügel-Riesen hing.

Diese Schlange ist die Midgardschlange Jörmungandr und der Angler ist Thor. Der Völsungen-Trank ist das Gift, mit dem Sinfiötli ermordet worden ist – Jörmungandr wird hier folglich als eine Giftschlange aufgefaßt.

VII 1. e)   Die Saga über Thorstein Haus-Macht

Thorstein erhielt von einem Zwerg ein magisches Hemd, weil er den Sohn des Zwerges (Tyr) gerettet hatte.

„Ich würde nicht weniger in Deiner Schuld stehen," sagte der Zwerg, „Möchtest Du vielleicht das Hemd aus der Wolle meiner Schafe nehmen? Du wirst nie ermüden und nie verwundet werden, wenn Du es trägst."

Dieses Hemd schützte seinen Träger auch gegen Gift:

Thorsteinn sagte: „Du solltest mein Hemd anziehen, denn dann kann Dich nichts verletzen, selbst wenn Gift in Deinem Trank sein sollte."

VII 1. f)   Heimskringla

Zwei Jahre später starb Halfdan der Schwarze plötzlich auf einem Fest in Thrond-heim und die allgemeine Meinung war, daß Gunhild eine Hexe dafür bezahlt hatte, ihm einen Todestrank zu geben.

Die Unempfindlichkeit gegen Gift erinnert an die Unverwundbarkeit des Sigurd und einiger anderer Helden, die meistens Drachentöter sind. Wahrscheinlich ist die Gift-Festigkeit eine Ausweitung oder Spezialisierung der Unverwundbarkeit der Drachentöter – zumal zum einen die bekanntesten Drachentöter wie Sigurd und Ragnar Lodenhose aus derselben Sippe stammen wie die Gift-festen Männer Sigmund, Sigurd, und Sinfiötli und zum anderen bei den Schlangen und Drachen die Begriffe „Feuer" und „Gift" austauschbar waren.

Die Unverletzlichkeit wird dem entsprechenden Kapitel in Band 64 ausführlich beschrieben.

VIII Vergleich der Zaubertränke

Auch wenn die Zaubertränke unterschiedliche Wirkungen haben, ist es dennnoch denkbar, daß sie einen gemeinsamen Ursprung haben.

Um die möglichen Zusammenhänge zwischen den verschiedenen Zaubertränken erfassen zu können, ist es zunächst einmal sinnvoll, eine Übersicht über sie aufzustellen.

Dieser Liste ist noch die Wirkung von Drachenblut beigefügt worden, weil diese z.T. der Wirkung der Zaubertränke ähnlich ist.

Zaubertrank-Übersicht					
Wirkung	*Zaubertrankmischer*	*Verwender*	*Zutaten*	*Trinker(in)*	*Text*
Liebe	Götvara			Königstochter	Gesta danorum
	Kraka-Aslaug			Maid	
Liebe					Nikolaus-Saga
Geliebten herbeiholen	Rezept von alter Frau	Katharine (Magd)	Kräuter	Hansel (Färber)	Grimms's Deutsche Sagen
Liebe	Brana (Riesin, Jenseitsgöttin)	Halfdan (Jenseitsreisender)	Kräuter	Königstochter Marsibil	Saga über Halfdan Brana-Ziehsohn
Vergessen der Freundschaft	Walküre Gondul (Freya)			Hedin (Tyr)	Saga über Hedin und Högni
Vergessen der Geliebten	Soti (Feind)		Fluch des sterbenden Soti	Halfdan	Saga über Halfdan Brana-Ziehsohn
Vergessen der Geliebten Brünhild	Kriemhild			Sigurd	Völsungen-Saga
					1. Sigurd-Lied
	Grimhild	Gudrun	Met, Wein, Vergessen	Sigurd	Brünhild-Lied, Högni-Lied (Färöer)
Vergessen des Mordes an ihrem Mann Sigurd	Gunnar und Högni			Gudrun (Schwester)	Der Mord der Nibelungen

Zaubertrank-Übersicht

Wirkung	Zaubertrankmischer	Verwender	Zutaten	Trinker(in)	Text
Vergessen des Mordes an ihrem Mann Sigurd	Grimhild	Gunnar	magische Kraft der Jörd, eiskalte See, Schweine-Blut, geritzte Runen, Jenseits-Schlange, ungeschnittene Ähre, geweihte Tier-Eingeweide, Baum-Blüten, geröstete Eicheln	Gudrun (Tochter)	2. Gudrun-Lied
					Völsungen-Saga
Lepra und Vergessen; wieder heilen und erinnern	schöne Frau (Zauberin, Tochter des Kol (Tyr) = Freya)			Viking	Saga über Thorstein Viking-Sohn
Trunkenheit	Gunnlöd		Gunnlöds Met	Odin	Havamal
Schlaf	alte Frau		Trank	Königssohn	Sörli der Starke
Kampfglück, Vogelsprache verstehen, Weisheit, Beredsamkeit	Aslaug-Kraka Sigurd-Tochter		Speise mit dem Gift von zwei schwarzen und einer weißen Schlange	Söhne und Stiefsöhne: Roller, Erik und Ragnar	Gesta danorum
Sieg über Balder (der Ase Baldur)	3 Jungfrauen = 3 Nornen		siegbringender Gürtel	Hother (der Ase Hödur)	Gesta danorum
Stärke			Speise aus dem Gift von 3 Schlangen	Baldur	
Stimmen der Vögel verstehen			Drachenblut	Sigurd	mehrere Texte
Unverwundbarkeit					

Zaubertrank-Übersicht

Wirkung	Zaubertrank-mischer	Verwender	Zutaten	Trinker(in)	Text
Mut, Grausamkeit	Svipdag		Wolfsherz	Königssohn Ingjald	Heimskringla
Kraft			frisches Bärenblut	Hjalte	Gesta danorum
Raserei (Sigurd töten)	Griemhild (?)	Gunnar, Högni	Schlange, Wolfsfleisch, in Wein	Guttorm (Bruder)	Völsungen-Saga
Gift kann ihm nicht schaden	Borghild			Sigmund	Völsungen-Saga, Sinfiötlis Ende, Bragi inn Gamli, Skaldskaparmal
Gift kann ihnen nicht von außen schaden	Borghild			Sigmund, Sinfiötli	
magisches Hemd schützt vor Gift	Zwerg (Tyr)			Thorstein	Saga über Thorstein Hausmacht
magisches Hemd schützt vor Schlange, Gift und Wunden	Aslaug-Kraka Sigurd-Tochter (Walküre)			König Ragnar (ihr Mann)	Ragnar-Saga
Tod	Königin Gunnhild	Hexe in Gunnhilds Auftrag	Gift	Halfdan der Schwarze	Heimskringla

Mithilfe dieser Übersicht lassen sich die Zaubertränke nun nach verschiedenen Gesichtspunkten hin untersuchen.

VIII 1. Häufigkeit der einzelnen Zaubertränke

In der folgenden Liste gibt es mehrere Mehrfachzählungen, da einige der Zaubertränke mehr als eine Wirkung haben.

25 Wirkungen	15 Wiederzeugung	4 Liebe		
		6 Schlaf und Vergessen	5 Vergessen	1 Freundschaft
				3 Geliebte (viele Texte zu Sigurd)
				1 Mord am Ehemann (mehrere Texte)
			1 Schlaf	
	5 Ahnen-Kontakt	3 Vogelsprache verstehen		
		2 Weisheit	1 Weisheit	
			1 Beredtsamkeit	
	10 Kampf	5 Stärke	2 Stärke	
			1 Raserei	
			1 Mut, Grausamkeit	
			1 Kampfglück	
		5 Unverwundbarkeit	2 Unverwundbarkeit	
			1 immun gegen Gift	
			1 immun gegen Gift von außen	
			1 Hemd schützt gegen Schlangen u.a.	

Die Wirkungen lassen sich in zwei große Gruppen unterteilen: in die 15 Motive aus der Wiederzeugungs- und Wiedergeburtssymbolik, bei der aus dem Tod ein Schlaf und aus der Jenseitsgöttin eine Geliebte geworden ist, sowie die 10 Motive aus dem Bereich des Kampfes.

VIII 2. Zaubertrank-Brauer

Auf dieselbe Weise läßt sich untersuchen, wer die Tränke braut und wer sie verabreicht. Zunächst folgt die Tabelle der Zaubertrankbrauer bzw. in einem Fall derjenigen, die das Rezept zur Verfügung gestellt hat:

20 Personen	17 Göttin	11 Jenseits-göttin	2 Freya	1 Freya-Gondul
				1 Gunnlöd
			1 Zauberin (Freya?)	1 schöne Frau
			1 Riesin	1 Brana
			2 drei Nornen	2 drei Jungfrauen
			3 Walküren	3 Kraka-Aslaug
			2 Hexe	2 alte Frau
		6 Saga-Variante der Göttin	3 Königin (Hel?)	3 Kriemhild
			2 Königin	1 Borghild
				1 Gunnhild
			1 Frau	1 Götvara
	3 Tyr und Loki		1 alter Tyr	1 Gunnar
			1 Loki	1 Loki
			1 Mann	1 Svipdag

Anhand dieser Übersicht läßt sich gut erkennen, daß die Jenseitsgöttin als die Wiederzeugungs-Geliebte und die Wiedergeburts-Mutter diejenige ist, die diesen Trank braut und dem Trinker reicht.

In einigen Fällen wird der Trank von jemand anderem dem Opfer gereicht als von dem, der ihn gebraut hat:

8 Personen	3 Göttin		2 Saga-Variante der Freya	2 Gudrun
			1 Magd	1 Katharine
	5 Tyr und Loki	4 Tyr	2 alter Tyr	2 Gunnar
			1 Tyr	1 Hedin
			1 Jenseitsreisender	1 Halfdan
		1 Loki		1 Högni

Die beiden letzten Listen zeigen, daß der Zaubertrank zwar in der Regel von der Jenseitsgöttin gebraut wird, daß er jedoch des öfteren nicht von ihr, sondern von Tyr verabreicht wird, der in der Saga als der „alte König", als Sagenkönig und als Jenseitsreisender auftritt.

VIII 3. Zaubertrankrezepte

Es gibt nur recht wenige Rezepte für diese Zaubertränke, aber es lohnt sich trotzdem, sie einmal zu betrachten. Das detaillierte Rezept aus dem zweiten Gudrun-Lied und aus der Völsungen-Saga sowie das Rezept für den Rasereitrank für Guttorm sind hier in ihre einzelnen Bestandteile zerlegt worden.

26 Zutaten	17 Jenseits	6 Getränk (Göttin?)	1 eiskalte See	
			2 Met	1 Gunnlöds Met
				1 Met
			2 Wein	
			1 Trank	
		8 Jenseitstiere	6 Schlangen	2 Gift von drei Schlangen
				1 Jenseits-Schlange
				1 Schlange
				2 Drachenblut
			2 Opfertiere	1 Schweine-Blut
				1 geweihte Tier-Eingeweide
		3 Magie	1 magische Kraft der Jörd	
			1 Vergessen	
			1 geritzte Runen	
	8 sonstige	3 Raubtiere	2 Wölfe	1 Wolfsherz
				1 Wolfsfleisch
			1 frisches Bärenblut	
		5 Pflanzen	1 ungeschnittene Ähre	
			1 Baum-Blüten	
			1 geröstete Eicheln	
			2 Kräuter	
	1 Gift			

Am auffälligsten sind die sechs Schlangen bzw. Drachen, da diese die Ahnen verkörpern. Die sechs Getränke, insbesondere der Met und das Meerwasser, könnten den Ritualtrank der Göttin symbolisieren. Zusammen mit den beiden Opfertieren und den drei „magischen Zutaten" sind dies 17 Zutaten, die einen einigermaßen deutlichen Bezug zum Jenseits haben.

Die drei Raubtier-Zutaten beziehen sich auf die Stärke der Krieger. Die beiden Wolfs-Zutaten haben ihren Ursprung sicherlich in der Kampfekstase der Ulfhedinn-Wolfskrieger.

Die Ähren stammen vermutlich aus dem Kult der Korngöttin Sif.

Alle übrigen Zutaten sind eher neutral.

VIII 4. Die Entstehung der Zaubertränke aus dem Ritualtrank

Die Betrachtungen in den drei vorigen Kapiteln haben zu den folgende Ergebnissen geführt:

Charakter der Zaubertränke				
		Thema		
		Jenseits	*Kampf*	*sonstige*
Wirkung		15 Motive	10 Motive	-
Hersteller	Brauer	17 Göttin	3 Tyr und Loki	-
	Geber	3 Göttin	5 Tyr und Loki	-
Zutaten		17 Zutaten	3 Stärke	6 sonstige
		52 = 66%	21 = 26%	6 = 8%

Genau zwei Drittel aller Motive, die im Zusammenhang mit den Zaubertränken auftreten, stammen aus den Jenseitsvorstellungen und ungefähr ein Viertel aus den Bereich des Kampfes. Dieses Verhältnis hat eine Parallele darin, daß bei den Germanen die Jenseitsreise-Ekstase der Schamanen z.T. zu der Kampfekstase der Berserker und der Ulfhedinn weiterentwickelt worden ist.

Man kann also schon aufgrund dieser Verteilung davon ausgehen, daß die Zaubertränke ihren Ursprung in den Jenseitsvorstellungen gehabt haben.

Der Skaldenmet, den Odin von Gunnlöd erhält, könnte man ebenfalls zu den Zaubertränken zählen, da er die Gabe der Dichtkunst verleiht. Wie die Herkunft dieses Trankes aus dem Hügelgrab der Gunnlöd (Freya) und das Brauen dieses Trankes durch zwei Zwerge (Totengeister) zeigt, stammt dieser Trank aus den Jenseitsvorstellungen der Germanen.

Die beiden Zwerge Fialar und Galar, die den Trank brauen, sind ursprünglich die beiden Alcis-Söhne des Tyr gewesen. Es ist also anzunehmen, daß der „magische Met" aus dem Kult des Tyr stammt, dessen Elemente um 500 n.Chr. bei der Absetzung des Tyr als Göttervater durch Thor und Odin aufgelöst und umgedeutet sind. Aus dem Kult des Tyr und seiner beiden Söhne sind zudem Ritual-Trinkhörner bekannt, die z.T aus Gold hergestellt worden sind. Derart wertvolle Trinkhörner ergeben nur dann einen Sinn, wenn aus ihnen im Kult auch getrunken worden ist.

Ein ritueller Trank im Zusammenhang mit den Bestattungen und mit dem ehemaligen Sonnengott-Göttervater Tyr ist mit großer Wahrscheinlichkeit ähnlich wie die

Äpfel der Idun ein Mittel gewesen, mit dem die Wiedergeburt erlangt werden konnte, die in der Odin-zentrierten Religion zu einer ewigen Jugend umgedeutet worden ist.

Ein derartiger „Trank des ewigen Lebens" findet sich bei sehr vielen Indogermanen. Am bekanntesten sind sicherlich der „Nektar ambrosia" der Griechen und der „Soma amrita" der Inder sowie der „Haoma" der Perser sein.

Die Symbolik dieses Trankes ist generell auf Jenseitsreisen ausgeweitet worden, sodaß sie sich auch in Krönungszeremonien und in den Jenseitsreisen der Schamanen, Seher und Priester findet.

Die Annahme, daß die Zaubertränke ursprünglich von dem „Ritual-Met" abstammen, der bei Bestattungen getrunken wurde, wird auch dadurch bestätigt, daß der Trank fast immer von einer Göttin oder einer ihrer Nachfolgerinnen (Nornen, Walküren, Hexen) gebraut wird.

Letztendlich ist dieser Ritualtrank eine Umdeutung der Milch der Göttin, mit der sie die Toten nach ihrer Wiederzeugung und ihrer Wiedergeburt (wieder-)säugt. (Siehe dazu auch den Band 69 über den Göttermet.)

Der Bezug zu Tyr, der sich bei den Zaubertränken feststellen läßt, ist dadurch entstanden, daß Tyr als der ehemalige Sonnengott-Göttervater an jedem Abend gestorben und an jedem Morgen wiedergeboren worden ist.

VIII 5. Der Stammbaum der Zaubertränke

Es lassen sich eine ganze Reihe von Zusammenhängen zwischen den verschiedenen Beispielen für die Zaubertränke in der germanischen Überlieferung finden, die es ermöglichen, einen „Stammbaum der Zaubertränke" aufzustellen.

VIII 5. a) Der Liebestrank

Der Liebestrank stammt sehr wahrscheinlich aus der Assoziation zwischen der Wiederzeugung des Toten mit der Jenseitsgöttin (die dann seine Wiedergeburt bewirkt) mit dem Ritual-Trank, der bei der Bestattung getrunken wurde.

Dadurch konnte die Vorstellung entstehen, daß das Trinken dieses Mets dazu führt, daß sich die Jenseitsgöttin mit dem Toten im Jenseits vereint. Das Trinken des Mets wurde sozusagen zur Ursache für die Liebe der Göttin zu dem Toten. Von da aus war es dann nur noch ein kleiner Schritt zu der Vorstellung, daß ein Mann in einer Frau dadurch, daß er ihr einen solchen Met zu trinken gibt, ein Verlangen nach ihm erwecken kann.

Die Szene am Ende des Wieland-Liedes, in dem Wieland (Tyr als Schmied in der Unterwelt) der Bödhild Met zu trinken gibt, und diese sich daraufhin „trunken" mit ihm vereint, ist eine Parallele zu der Szene, in der sich Odin mit Gunnlöd vereint und deren Met trinkt. Beides geht auf den ehemaligen Sonnengott-Göttervater Tyr in der Unterwelt zurück, der dort nach seiner Wiedergeburt den rituellen Met, also die „Milch der Göttin" trinkt.

Spätere Sagen-Varianten dieses Themas, in denen der Teufel (Bock) aufgrund des Brauens durch eine Frau deren Geliebten herbeiholt, sind offenbar durch christlichen Einfluß weiter umgebildet worden.

In der Brana-Saga ist die Jenseitsgöttin zu der Göttin-Riesin Brana im Jenseits geworden, die dem Helden hilft, durch Zauberkräuter die Liebe einer Königstochter zu erlangen.

Das Motiv der alten Frau, die dem Helden hilft, die Liebe der jungen Frau zu erlangen, findet sich auch bei Aslaug-Kraka Sigurd-Tochter und bei Götvara, die durch einen Zaubertrank bewirken, daß sich eine junge Frau in den Helden verliebt. Diese Aufspaltung der Jenseitsgöttin in eine junge und in eine alte Frau ist dadurch entstanden, daß diese Göttin zwei sehr unterschiedliche Aspekte gehabt hat: die ersehnte Wiedergeburts-Geliebte und die gefürchtete Herrin des Totenreichs.

VIII 5. b)   Der Vergessenstrank

Das Vergessen ist vermutlich einfach eine Weiterentwicklung der „Bewußtlosigkeit" der Toten.

Es gibt recht unterschiedliche Dinge, die in den Sagas durch die Wirkung eines Zaubertrankes vergessen werden:

- Der Vergessen der Freundschaft zwischen Hedin (Tyr) und Högni (Loki), das durch Freya bewirkt wird, ist eine Kombination aus zwei Motiven: zum einen der Streit der beiden Helden um eine Frau, der eine Umdeutung des Kampfes zwischen Tyr und Loki um die Jenseitsgöttin ist, und zum anderen die Assoziation des Bestattungs-Trankes mit der „Bewußtlosigkeit" der Toten. Bei sehr vielen indogermanischen Völkern (und nicht nur bei ihnen) ist die Schuld an dem „großen Streit" der „schönen Frau" selber, also der Jenseitsgöttin zugeschoben worden – wie auch hier in der Saga über Hedin und Högni.

- Das Vergessen des Mordes an dem Ehemann durch einen Zaubertrank ist vermutlich dadurch entstanden, daß der Tote im Jenseits zu dem Geliebten der Jenseitsgöttin wurde und daher der Tote der „tote Mann der Göttin" war. Dann mußte nur noch dieser „tote Ehemann" mit dem Bestattungs-Trunk assoziiert werden ... woraufhin dieser Trank auch die Göttin selber ihren toten (ermordeten) Mann vergessen lassen konnte.

- Das Motiv des „Vergessens der Geliebten" ist ganz ähnlich entstanden, nur daß hier die „Bewußtlosigkeit" des Toten und die Jenseitsgöttin als Wiederzeugungs-Geliebte miteinander assoziiert worden sind.

Es sind alle Assoziationen, die zwischen dem Vergessenstrank und den bei dem Bestattungs-Ritual wesentlichen Personen (Tyr/Toter, Loki, Jenseitsgöttin) denkbar sind, in den Sagas wiederzufinden.
Der Schlaftrunk beruht offensichtlich nur auf einer Umdeutung der „Bewußtlosigkeit" der Toten.

VIII 5. c)   Das Verstehen der Vogelsprache

Da die Toten Seelenvögel sind, ist jemand, der den Bestattungstrank trinkt, d.h. der auch selber ein Toter ist, in der Lage, die „Totensprache", d.h. die Vogelstimmen zu verstehen.

Dies wird dadurch bestätigt, daß diese Fähigkeit dadurch erlangt wird, daß man das Gift von Schlangen oder das Blut von Drachen zu sich nimmt, denn die Schlangen und die Drachen („große Schlangen") sind die Totengeister in ihren Hügelgräbern.

Es ist nicht verwunderlich, daß die „Schlangen-Zauberspeise", die diese Wirkung hat, von der Walküre, Zauberin und Königin Aslaug-Kraka hergestellt wird, denn diese Tochter des Tyr-Nachfolgers Sigurd und der Walküre Brünhild geht letztlich über die Nornen auf die Jenseitsgöttin zurück. Die Nornen sind die Jenseitsgöttin als Bestimmerin des Todeszeitpunktes, und die Walküren sind die Überbringerinnen der Nornen-Botschaft und die Vollstreckerinnen der Festlegung des Todeszeitpunktes.

Das Erlangen von Weisheit und Beredtsamkeit durch das Essen einer Zauberspeise, die Schlangengift enthält, ist eine Ausweitung der Symbolik des Verstehens der Vogelsprache.

VIII 5. d)   Stärke und Unverwundbarkeit

Bis 500 n.Chr. ist der Sonnengott-Göttervater Tyr das wichtigste Bild für den Tod und die Wiedergeburt gewesen, da er an jedem Abend gestorben und an jedem Morgen wiedergeboren worden ist.

Tyr ist jedoch auch der Kriegs- und Schwertgott gewesen. Daher war er der stärkste Gott, der unbesiegbar war – allerdings nur fast unbesiegbar, denn er starb schließlich an jedem Abend als die untergehende Sonne (durch eine List des Loki).

Da der Ritual-Met fest mit dem Tod und der Wiedergeburt des Tyr verbunden gewesen ist, konnte auch die Stärke und die Beinahe-Unverwundbarkeit des Tyr als Wirkung dieses Trankes oder des Drachenblutes (Drache = Tyr im Hügelgrab/Jenseits) aufgefaßt werden.

Das Brauen einer Stärke-Speise aus Schlangengift entweder durch eine Walküre (Aslaug-Kraka) oder durch drei Jungfrauen (Nornen) zeigt, daß diese Symbolik von dem Ritual-Met der Göttin (Freya, Gunnlöd) abstammt.

Insbesondere von der Unverwundbarkeit gibt es viele Varianten, die von der Hornhaut über ein magisches Hemd bis zu einem „Panzer" aus geteerten Fellen reicht.

VIII 5. e)   Die Kampfekstase

Das Essen von Wolfsfleisch oder das Trinken von Bärenblut, daß zu Mut und Kampf-Raserei führt, stammt offensichtlich aus den Vorstellungen der Berserker und der Ulfhedinn, die sich mit den Bären bzw. mit den Wölfen identifiziert haben – u.a.

durch das Verzehren des Fleisches und des Blutes dieser beiden Tiere.

<u>VIII 5. f)   Opferspeisen</u>

Einige Zaubertrank-Zutaten sind als Opferspeisen aus dem Kult erkennbar. Sie haben jedoch zu keiner eigenständigen Zaubertrank-Symbolik geführt.

<u>VIII 5. g)   Heilmittel</u>

Schließlich könnte man noch die Heilmittel, die auf einer magisch-homöopathischen Grundlage beruhen, im weitesten Sinne zu den Zaubertränken zählen. Ihre Symbolik beruht jedoch nicht auf dem Ritual-Met oder auf den Vorstellungen über die Kampf-Ekstase, sondern auf dem Prinzip „Gleiches wirkt auf Gleiches."
Siehe dazu auch das Kapitel „Havamal-Homöopathie" in Band 64.

VIII 5. h) Der Stammbaum der Zaubertränke

Die folgende Tabelle wird von links nach rechts hin gelesen.

Stammbaum der Zaubertränke		
===> ===> ===> Zeit ===> ===> ===>		
Ritual-Met bei Bestattungen („Milch der Göttin")	Assoziation der Wiederzeugung mit dem Ritualtrank	Liebestrank
	Assoziation der „Bewußtlosigkeit der Toten" mit dem Ritualtrank	Vergessenstrank
	Assoziation der Seelenvögel der Toten mit dem Ritualtrank	Verstehen der Vogelsprache
		Weisheit und Beredtsamkeit
	Assoziation der Stärke und der Beinahe-Unverwundbarkeit des Tyr mit dem Ritualtrank	Stärke und Beinahe-Unverwundbarkeit
Identifizierung mit Wolf oder Bär	Stärke und Mut durch Bärenblut	
	Stärke und Mut durch Wolfsfleisch	

IX Zusammenfassung

Die Zaubertränke der Germanen sind eine Weiterentwicklung des Bestattungs-Trunkes, der in der Tyr-zentrierten Religion bis 500 n.Chr. üblich gewesen ist. Dieser Trank gehörte der Jenseitsgöttin, mit der sich der Tote wiederzeugte und die ihn anschließend wiedergebar und wiederstillte.

Dieser Trank ist mit den verschiedenen Qualitäten und Personen bei dem Bestattungsritual, das vor allem durch den allabendlichen Tod und die allmorgendliche Wiedergeburt des Tyr geprägt gewesen ist, assoziiert worden.

Aus dem Motiv der Wiederzeugung entstand so der Liebestrank, aus der „Bewußtlosigkeit" der Toten der Vergessenstrank, aus den Seelenvögeln das Verstehen der Vogelsprache und aus der Stärke und der Beinahe-Unverwundbarkeit des Tyr der Trank, der diese beiden Eigenschaften verleiht.

Das Bärenblut und das Wolfsfleisch in den Stärke-Tränken stammt aus der Identifizierung der Ulfhedinn und der Beserker mit dem Bären bzw. mit dem Wolf.

Verzeichnis der Themen

(die Zahl ist die Nummer des Bandes, in dem sich das Thema findet)

1 47	540 47	Alius 32	Aur 55
2 47	700 47	Alraune 45	Aurboda 35
3 47	800 47	Alsvatr 5	Aurgelmir 5
4 47	900 47	Alswid 34	Aurgrimnir 5
5 47	1.200 47	Althiof 7	Aurnir 34
6 47	10.000 47	Alvor 35	Aurvandil 20
7 47	432.000 47	Alwis 7	Aurwang 7
8 47	1+8=9=8+1 47	Alwit 31	Aurwang 48
9 47	**Adler** 40	Ama 35	Austri 32
10 47	Adler auf dem	Amboß 67	Auzon => Kiste
11 47	Weltenbaum 41	Amgerdr 28	Axt 66
12 47	Adler bei der	Ampfer 45	**Bafur** 32
13 47	Einweihung 40	Andad 34	Bakrauf 35
14 47	Adlergestalt:	Andhrimnir 39	Baldrian 45
15 47	- des Franmar 40	Andvari 7	Baldur 9
16 47	- des Hraesvelgr 40	Angantyr 39	Bara 35
17 47	- des Odin 40	Angeyja 35	Bari 6
18 47	- des Thiazi 40	Angrboda 26	Bari 20
20 47	Adler-Traum der	Ann 32	Baugi 5
22 47	Kostbera 40	Annar 20	Bär 43
23 47	Aelrun 31	Arm-Wunde 63	Bärenfell 62
24 47	Affe 44	Arngrim 6	Barke 49
28 47	Agdai 39	Apfel 45	Bärlapp 45
30 47	Ägir 10	Asen 36	Basilikum 45
32 47	Agnar 39	Asgard 52	Beifuß 45
33 47	Ahnen 36	Ask 39	Beinvidr 34
36 47	Ai 32	Aslaug 31	Bekkhild 31
37 47	Aki 6	Asperan 34	Beleidigungs-
40 47	Aki 16	Astralreise 50	Wettstreit 73
41 47	Alban 32	Asvid 6	Beli 5
46 47	Alberich 7	Atem 64	Beowulf 39
48 47	Albewin 7	Atla 35	Bergdis 28
72 47	Alcis 12	Atli 37	Bergelmir 6
80 47	Alf 6	Atward 20	Bergriese 6
90 47	Alf 32	Auchoff 34	Berg-Zwerge 32
99 47	Alfarin 34	Aud 20	Berling 32
100 47	Alfen 36	Auerhahn 40	Bertha 28
120 47	Alfhild 31	Auge 63	Berserker 62
300 47	Alfrigg 32	Augenbraue 63	Bertram 45

Bertramsgarbe 45	Bragi 19	Diurnir 7	Eiche 53
Besen => Stab	Bragi-Riesin 35	Dofri 34	Eicheln 45
besonderer Schrei 64	Brak 16	Dolgtrasir 32	Eichhörnchen 44
Bestattung 64	Brana 35	Donnerrebe 45	Eid 68
Bestla 35	Brandingi 5	Dori 32	Eik 28
Betonica 45	braun 46	Dorn => Schlafdorn 55	Eikinskjaldi 32
Beyla 39	Brenner 39		Eimer 67
Biber 44	Brezel-Ornament 64	Drachen 41	Eimgeitir 35
Biene 40	Brimir 33	Drachenblut => Drachen	Eimyria 35
Bifröst 49	Brisingamen 60		Einäugigkeit 63
Bifur 32	Brokk 32	Drachenschiff 55	Einheer 34
Bikki 16	Brombeere 45	Drasian 6	Einweihung 50
Bil 29	Brücke 49	Draupnir (Zwerg) 32	Eir 29
Bild 7	Bruderkampf 55	dreifarbiger Stein 67	Eir 31
Billing 5	Brüngerd 35	dreiköpfiger Riese 5	Eis 52
Billing 7	Brünhild 31	drei Riesinnen 35	Eisa 35
Bilsenkraut 45	Bruni 5	drei wahre Worte 64	Eisen 55
Birkhuhn 40	Bruni 32	Drifa 35	Eisenkraut 45
Biört 29	Brünne 66	dritter Bruder 55	Eisriesen 34
Björgolfr 6	Brunnen 49	Dröfn 35	Eistla 35
Björgulfr 34	Buri 34	Drossel 40	Eisurfala 35
Blain 33	Bryja 35	Drudgelmir 5	Eiymyria 35
Blapthvari 34	Bryla 34	Duf 32	Ekstase-Kieger 62
Blasebalg 67	Bryngerd 28	Dufa 35	Elch 42
blau 46	Buri (Zwerg) 32	Dufr 32	Eldhrimnir 57
Blau-Menschen 36	Buseyra 35	Dulin 32	Eldir 39
Blau-Riesen 36	Byggvir 39	Dumbr 6	Eldr 34
blau-schwarz 46	Byleist 20	Dunneir 32	Elefant 42
Blick 63	Bylgia 35	Durathor 32	Elendshaut => Hel-Haut
Blid 29	**Comandion** 7	Durin 32	
Blidur 29	**Dag** 48	Durnir 32	Else 35
Blind 16	Dagfinnr 32	Durnir 34	Erde 52
Blindheit 63	Dain 32	Düsterwald 49	Embla 28
Blodughadda 35	Dalar 32	Dwalin 32	Embla 39
Blutsbrüder 55	Dalr 32	**Eber** 42	Ente 40
Bödhild 28	Delling 20	Eberesche 45	Erce 20
Bogen 66	Delling 48	Edda (vollständig) 77	Erdbeben 55
Bömbur 32	Dellingr 32	Efeu 45	Erste Ursache 55
Bölthorn 5	Delphin 44	Egdir 5	Eschenholzkasten => Kiste 57
Borr 34	Dietwarta 29	Egil 39	
Botewart 7	Disen 36	Ei 40	Esel 42
Both 20	Distel 45	Eibe 45	Estroval 39

Eugel 7	Fiölvör 35	Frühlingstagund-	Geitla 35
Eule 40	Fiörgyn 20	nachtgleiche 54	Geitir 35
Eyrgjafa 35	Fiörgyn 23	Fulla 29	gelb 46
Faden 55	Fisch 44	Fullas Haarreif 60	Geliebter der Gefion 6
Fafnir (Zwerg) 32	Fjölverkr 34	Fullafle 34	Gerber-Schaber 67
Fährmann 49	Fjötra 29	Fundin 32	Gerdr 28
Fala 35	Flachs 45	Fuß 63	Geri 43
Falkenkleid:	Flegda 35	Fylgia 50	Gespenst 50
- der Freya 40	Fleur-de-lys 55	Fynir 6	Gestaltwandel =>
- der Frigg 40	Fleggr 34	Fynir 34	Verwandlung
Falke 40	Fliege 40	**Galar** 32	Gesang 68
Fallar 32	Fluch 68	Galarr 34	Gestilja 35
Farbauti 6	Flügel des Wieland 40	Galdr 64	Getreide 45
Farn 45	Flügelschuhe 67	Gallapfel 45	Gewöhnlicher
Farseti 6	Flugschuhe des Loki 40	Gandalf 32	Flachbärlapp 45
Faulheit =>	Fluß 49	Ganglati 34	Geysa 35
Feuersitzen 55	Freya 22	Ganglot 6	Gialar 32
Feima 35	frühe Skaldenlieder 78	Gangr 34	Gift 70
Fenchel 45	Freyr 15	Gangr 33	Gifur 43
Fenja 28	Fried 29	Gans 40	Gigas 6
Fenrir 6	Friedenszauber 6	Gänsefuß 45	Gilling 6
Fenrir 43	Fridr 29	Garm 43	Gillings Frau 28
Fernhypnose 64	Frigg 21	Gautan 39	Ginnar 32
Ferse 63	Folde 20	Gautrek-Saga => Snotra	Ginnungagap 49
Fessel 66	Fonn 34	Geban 20	Gjalp 35
Fessel-Zauber 64	Forat 35	Geburts-Orakel 64	Glamr 34
Feuer 55	Forelle 44	Gefäße 57	Glatundshundr 43
Feuersitzen 55	Fornjotr 6	Gefion 20	Glaumar 34
Feuerzauber 64	Forseti 19	Gefion-Geliebter 6	Glaumarr 34
Fialar 32	Frägr 32	Gefiun 20	Glaumr 6
Fid 32	Franmar 37	Gefjon 20	Glenr 48
Fieberkraut 45	Frar 32	Geist 50	Glitni 5
Fili 32	Freki 43	Geier 40	Glöd 35
Fimafeng 39	Frosti 32	Geirahöd 31	Gloi 32
Fimbulwinter 55	Frosti 34	Geiravör 31	Glück 64
Finger 63	Fruchtbarkeit 64	Geirdriful 31	Glückstrank 70
Finnalf 5	Fuchs 43	Geirönul 31	Glumra 35
Finnar 32	Frauenhaarfarn 45	Geirröd 5	Glymra 35
Finnmark-Riese 34	Frühling 54	Geirrota 31	Gna 29
Fiölkald 34		Geirskögul 31	Gneip 35
Fiölmor 39		Geitir 6	Gnepja 35
Fiölnir 20			

Goi 34	Grotunagard 52	Har 32	Hel-Haut 49
Gold 55	grün 46	Hära 35	Helidi 27
Goldalter 55	Gryla 35	Hardbeen 6	Hellebarde 66
Goldemar 7	Gudr 31	Hardgreip 35	Helreginn 5
golden 46	Gudrun 31	Hardgreipir 34	Helm 66
Goldhelm 66	Gudmund 5	Hardverkr 34	Hengikefta 35
Goldhörner von Gallehus 57	Gullnir 5	Harek Eisenkopf 6	Hengiköpt 6
	Gullveig 29	Harfe 57	Hengjankapta 35
Göll 31	Guma 35	Harz 45	Hepti 32
Golnir 5	Gundelrebe 45	Hase 44	Herbst 54
Göndul 31	Gunn 31	Hasel 45	Herbsttagundnacht-
Gorr 34	Gunnlöd 28	Hastingi 34	gleiche 54
Görsemi 29	Gunnthinga 31	Hati 5	Herche 20
Götter 36	Gürtel 60	Hati 43	Herdentiere 42
Götterdämmerung 55	Gusir 6	Hattatal 77	Herdentierfell 42
Götterkampf 55	Gygr 35	Haudr 20	Herfjötur 31
Göttermet 69	Gylfaginning 77	Haugspori 32	Hergrim Halbtroll 5
Götter-Tiere 44	Gyllir 5	Haym 34	Hergunnur 35
Gottesurteil 64	Gyllir 34	Hecht 44	Heri 32
Gurgelbiß 55	Gyma 20	Hedin 39	Herja 31
Grab 49	Gymir 5	Hedin und Högni 79	Herkir 6
Grani 6	**Haarband** 60	Hefring 35	Herkja 35
grau 46	Haare 63	Heid 35	Hermodr 37
Grendel 5	Habicht 40	Heiddraupnir 5	Hertha 28
Grendels Mutter 35	Hafle 34	Heide 49	Hervor => Heidrek
Greppur 34	Hafli 5	Heidrek 39	Hervor und Heidrek
Grer 32	Hafthi 39	Heidungi 6	=> Heidrek
Grid 28	Hagen 16	Heilige Hochzeit => Wiederzeugung 55	Herz 63
Grid 35	Hahn 40		Hexe 58
Grim 5	Hala 35	Heiliger Hain = Weltenbaum 52	Hianka 31
Grim 39	Halfdan 39		Hidde 34
Grima 35	Halfdan Brana- Ziehsohn 79	Heilung 64	Hild 31
Grimhild 31		Heilziest 45	Hildolf 5
Grimling 5	Halfdan Eisteinson 79	Heimdall 8	Hildolf 20
Grimnir 5	Hamdir 39	Heimir 39	Himingläva 35
Grim Struppig-Wange 79	Hamingja 50	Heinir 34	Himmel 52
	Hammer 66	Heith 35	Himmelsrichtungs- Mandala 54
Grip 35	Hand 63	Heithdraupnir 5	
Gripir 34	Handschuhe 60	Hel 26	Himmelsträger- Zwerge 32
Grissa 35	Hanf 45	Helblindi 20	
Groa 28	Hannar 32	Helgi 39	Hirsch 42
Grottintanna 35	Hantel-Symbol 55	Helgi Thorisson 79	Hjaltrimul 31

Hjortrimul 31
Hjötra 28
Hjuki 29
Hläwang 32
Hlebard 6
Hleidr 35
Hler 10
Hlidolf 32
Hlif 29
Hlifthursa 29
Hlin 29
Hlodyn 20
Hlödyn 20
Hloi 34
Hlöll 31
Hlora 35
Hnoss 29
Hochsitz 57
Hochsitzsäulen 57
Hoddraupnir 5
Hoddrofnir 5
Hödur 19
Hofund 19
Höggstari 32
Högni 16
Högni 39
höhere Mächte 36
Holmgang =>
Zweikampf 55
Holunder 45
Homöopathie 64
Honig 40
Honigtau 45
Hönir 18
Horn 57
Horn (Riesin) 35
Hörn 29
Hörn 35
Horn-Neb 35
Hornbori 32
Hraesvelgr 6
Hrafnhild 35

Hraudnir 6
Hraudungr 5
Hrede 29
Hreidmar 7
Hremsa 35
Hrimgerdr 28
Hrimgerdr 35
Hrimgrimnir 34
Hrimnir 34
Hrim-Riesen 34
Hrimthurs 34
Hringi 5
Hringvölnir 5
Hripstodr 34
Hrist 31
Hrist 29
Hrisungr 6
Hroarr 5
Hrod 35
Hrodwitnir 5
Hrodwitnir 43
Hrökkvir 6
Hrönn 35
Hrossthjofr 34
Hrotti 5
Hruga 28
Hrungnir 5
Hrungnir-Herz 67
Hryggda 35
Hyria 35
Hrym 34
Hrund 31
Hügelgrab 49
Hugin 40
Huhn 40
Huldar 28
Hund 43
Hundalfr 6
Hunding 16
Hvalr 6
Hvedra 35
Hvedrungr 16

Hymir 6
Hymnen an die Götter 80
Hyndla 26
Hypnose 64
Hyrrokkin 26
Idi 34
Idun 25
Igel 44
Illugi Grid-Ziehsohn 79
Ilmr 29
Ima 35
Imd 35
Imgerdr 35
Imr 6
Imsigul 34
Imth 35
In 20
Ingibjörg 29
Ingibiörg 31
Intuition 64
Inzest 51
Irmin 20
Irpa 29
Istwas 20
Itrek 5
Itreksjod 5
Itreksjod 20
Ividja 35
Iwaldi 5
Iwalt 5
Iwiedie 29
Jari 32
Jamtaland-Zwerg 7
Jarngerdr 28
Jarnglumra 35
Jarnhauss 6
Jarnnef 34
Jarnsaxa 28
Jarnvidja 35
Jenseits 49

Jenseitsbarke 49
Jenseitsberge 49
Jenseitsbrücke 49
Jenseitsfährmann 49
Jenseitsfluß 49
Jenseitsgrenzen-Landkarte 49
Jenseitshalle 49
Jenseitsinsel 49
Jenseitsleiter 49
Jenseitsmauer 49
Jenseitsreise 49
Jenseitstor 49
Jenseitstor-Gitter 49
Jenseitstor-Hund 49
Jenseitswächter 49
Jenseitswald 49
Jenseitswasser =>
Wasser 49
Jenseitsweg 49
Johanniskraut 45
Jokul 34
Jokul Eisenrücken 34
Jörd 23
Jomali 20
Jörmungandr 41
Jörmunrek 39
Jorunn 29
Jötunn 6
Jotunbjorn 6
Julnacht 54
Käfer 40
Kaldgrani 34
Kamille 45
Kampfmagie 64
Kannibalismus 55
Kara 31
Karabin 34
Kari 6
Katze 43
Kausalität 55
Keila 34

Keiler 42	**Lachanfall** 64	Luchs 43	Miötwitnir 32
Kenningar 75	Lachen 55	Lutr 34	Mjoll 34
Kerbel 45	Lachs 44	Lyngheid 35	Modgudr 29
Kessel 57	Landgeister 36	**Magni** 19	Modgudr 31
Keule 66	Lauch 45	Malseron 34	Modi 19
Kiebitz 40	Laufey 26	Mana 35	Modrädnir 32
Kili 32	Laurin 7	Managarm 43	Modsognir 7
Kisi 34	Laus 40	Mannus 20	Mögthrasir 6
Kiste 57	Leber 63	Mardalla 27	Moin 32
Kjallandi 6	Leib 63	Marder 43	Mökkurkjalfi 6
Kjallandi 35	Leidi 34	Margerdr 35	Molda 35
Klaufi 34	Leifi 6	Margerthur 35	Mona 20
Klee 45	Leifnir 6	Mangold 45	Mond 48
Kleima 35	Leikn 35	Mantel 67	Mondul 32
Knochen 67	Leimrute 66	Mantel der Nanna 67	Moosfrau von Saalfeld 32
Knoten 64	Leiter 49	Marnar 29	
Kobolde 36	Leirvör 35	Märzviole 45	Moosleute von Arntschgereute 32
Kol der Bucklige 39	Leopard 43	Maske => Helm	
Kolfrosta 28	Lerche 40	Maus 44	Mörn 35
Kolga 35	Lidskialf 20	Meer 49	Möwe 40
Kopf 63	Liebestrank 70	Meer der Zeit 55	Mühle 66
Kormoran 40	Liebeszauber 64	Meer-Menschen 36	Mundilfari 6
Korn 45	Lif 39	Mehlbeere 45	Munin 40
Körperteile 65	Lifthrasir 39	Mehltau 45	Munnharpa 35
Köttr 34	Litr 6	Meili 9	Münze 67
Kraftgütel => Gürtel	Litr 32	Meise 40	Muspel 6
Krähe 40	Ljod 29	Menglöd 22	Muspelheim => Feuer 52
Kraka 31	Ljota 35	Menja 28	
Kranich 40	Lodin 6	Menschenopfer 64	Myrkrida 35
Kräuter 45	Lodinfingra 35	Messer 66	Myrkvid 49
Kreppvör 35	Lodur 16	Midgard 52	**Nabbi** 32
Kriegerin 62	Lofar 7	Midgardschlange 41	Nacktheit 60
Kreuzblume 45	Lofn 29	Midi 6	Nadel 55
Kreuzkraut 45	Lofnheid 35	Midjungr 34	Nägel 55
Krönung 64	Logi 34	Midwitnir 6	Naglfar 49
Kröte 44	Loki 16	Mimir 6	Nain 32
Kuckuck 40	Loni 32	Mist 31	Nali 32
Kuril 6	Lopthoena 28	Mistel 45	Namensgebung 64
Kult 55	Lori 35	Mistkäfer 40	Nanna 21
Kundalini 64	Loricus 6	Mittelpfeiler => Yggdrasil	Nauma (Hel) 35
Kwasir 20	Löwe 43		Nar 32
Kyrmir 6	Löwenmäulchen 45	Mittsommer 54	Narfi 6

Nari Loki-Sohn 19	Nyi 32	Priester 60	Ringkampf 55
Nati 6	Nyr 32	Priesterin 58	Rist 31
Naudir 36	Nyrad 32	Prolog (Edda) 77	Robbe 44
Nebel 64	**Oddrun** 31	Prophezeiung 71	Rögnir 7
Nefia 35	Odin 13/14	Pukis 36	Rose 45
Nehalennia 29	Odr 20	**Rabe** 40	Röskva 37
Neri 30	Ofoti 5	Rad 67	rot 46
Neris Schwester 30	Öflugbarda 35	Radgrid 31	rota 31
Nerthus 28	Öflugbardi 6	Radvör 35	Rotkehlchen 40
Nepr 20	Ogautan 39	Ragnar Lodenhose 39	Rücken 63
Nessel 45	Ogladnir 6	Ragnarök 55	Rud 35
Netz 67	Ogn 35	Ran 27	Rudent 6
Neuentstehung aus den Knochen 55	Ohr 63	Randalin 31	Rudi 34
	Oin 7	Randgnid 31	Runa 35
neun Heimdall-Mütter 35	Olius 32	Randgrid 31	Runen 72
	Ölwaldi 5	Rangbeinn 5	Runenkästchen von Auzon => Kiste
neun Schwestern 35	Omen 71	Rasereitrank 70	
Niblung 7	Onarr 48	Raswid 32	Runenstein 64
Niblung 39	Öndudr 6	Rätsel 76	Runenstein von Ardre 64
Nicor 34	Onn 32	Raud 34	
Nid 64	Opfer 64	Raugnir 34	Rußland-Riese 6
Nidi 32	Orakel 71	Raum 6	Rütze 35
Nidr 28	Oregano 45	Reck 32	Rygi 35
Nidud 16	Ori 32	Regenbogenbrücke 49	**Saemdill** 6
Nieswurz 45	Örnir 6		Saga 28
Niflheim => Eis 52	Ortnit 34	Regin 7	Sährimnir 42
Niping 32	Ösgrui 5	Reginleif 31	Säkarsmuli 6
Nirdir 10	Öskrudr 34	Reiher 40	Salbei 45
Niola 48	Ostara 29	Rentier 42	Salfangr 6
Njola 48	Osten 54	Riesen auf der West-Insel 6	Sam 34
Njörd 10	Otr 32		Sämingr 39
Njörun 29	Otter 44	Riesen-Baumeister 6	Sanngrid 31
Nölvi 10	Otunfaxe 39	Riesen von Feldkirchen 34	Sati 51
Norden 54	**Penis** 55		Säule => Weltenbaum 52
Nordosten 54	Perchta 28	Riesen von Lichtenberg 35	
Nordri 32	persönliches Glück 64		Saxnot 20
Nordwesten 54	Pfeil 66	Rifingalfa 35	Sceaf 20
Nori 32	Pferd 42	Rifingöflu 35	Schachtelhalm 45
Nornen 30	Pferdezwillinge 12	Rigingöflu 35	Schädelschale 63
Norr 34	Pflug 67	Rind 42	Schadenszauber 64
Norr 48	Phol 9	Rindr 20	Schaf 42
Nott 48	Polygamie 55	Ring 57	Schafgarbe 45

Schaumkraut 45	Siar 32	Skorpion 40	Sternbild 55
Schierling 45	Sichel => Sense	Skrati 34	Stigandi 5
Schild 66	sieben Schwestern 28	Skrymir 5	Storch 40
Schlafdorn 55	Siegfried 38	Skrimnir 5	Storkvid 34
Schlangen 41	Sieglind 31	Skuld 30	Stoverkr 34
Schlangenauge 63	Siegstein 67	Slagfid 39	Strahlen-Breitsame 45
Schlangengrube 49	Sif 24	Sleggja 35	
Schlangenzunge 63	Sigdrifa 31	Snae 34	Strudel 49
Schleifstein => Wetzstein	Sigurd 38	Snotra 29	Struthan 34
	Sigi 39	Solbiart 5	Stumi 5
Schmetterling 40	Sigrlami 39	Sohn der Freya 19	stumm 63
Schmied 4	Sigrun 31	Sohn des Freyr 19	Süden 54
Schmied 55	Sigyn 28	Solblindi 5	Südosten 54
Schnecke 44	silbern 46	Sölfn 29	Sudri 32
Schneeweiß-Goldschöne 28	Simul 31	Sommer 54	Südwesten 54
	Sinmara 28	Somr 5	Surtur 6
Schuh 63	Sindri 32	Sonne 48	Suttung 6
Schutzgeist => Fylgja/Hamingja	Sinthgunt 29	Sonnengöttin 48	Svada 5
	Sivör 35	Sonnenhymne 64	Svadi 5
Schutzzauber 64	Sjuld 31	sonstige Magie 64	Svaf 7
Schwalbe 40	Skadi 20	Sörli 39	Svarangr 5
Schwan 40	Skafid 32	Spatz 40	Svasudr 6
Schwanenkleider der Walküren 40	Skalden 61	Specht 40	Svatr 6
	Skaldatal 77	Speer 66	Sveid 31
Schweden-Riese 6	Skaldenlieder 78	Sperber 40	Sveipinfalda 35
Schwein 42	Skaldinnen 61	sprechende Tiere 41	Svidi 6
Schwert 66	Skalli 34	Sprichworte 74	Svip 5
Schwitzhütte 64	Skalmöld 31	Spindel 55	Svipul 31
sechsköpfiger Riese 6	Skadskaparmal 77	Spinnerin 55	Sivivör 31
Seehund 44	Skärir 5	Spiritus familiaris 36	Swaf 20
Seekuh 44	Skeggiöld 31	Sprettingr 5	Swanhild 31
Seelenvogel 40	Skidbladnir 49	Stab 67	Swanwit 31
Seelenvogel 50	Skimsli 5	Starkad 6	Swawa 31
Segen 68	Skirnir 37	Starkad 39	Swior 32
Seher 60	Skirkjar 35	Stärketrank 70	Swipdag 20
Seherin 58	Skirwir 32	Statue 57	Syn 29
Seidelbast 45	Skjalf 29	Stein 64	Syr 29
Seidr 64	Skjalv 34	Steine und Edelsteine 64	**Tafl** 57
Sel 6	Skjellinefja 29		Tal 52
seltsamer dritter Bruder 55	Skjöldr 39	Steinigung 55	Tamfana 29
	Skögul 31	Stern 48	Tarn-Kappe 67
Sense 67	Sköll 43	Sternbild 48	Tarn-Umhang 67

Tasche 60	Thrungva 29	Uri 20	- in Fuchs 65
Tätowierungen 55	Thrym 6	Utgard 52	- in Geier 65
Tattoo 60	Thulur 77	Utgardloki 6	- in Habicht 65
Tau 52	Thundr 6	Ungeheur 41	- in Hecht 65
Taufe 64	Thundr 29	Utiseta 50	- in Hirsch 65
Teer 45	Thurbiörd 35	**Vagnhöftdi** 34	- in Hund 65
Telemark-Riese 5	Tiere 44	Valbrandur 5	- in Krähe 65
Telepathie 64	Tiere der Götter 44	Vali Loki-Sohn 19	- in Lachs 65
Teller 57	Tierfelle 60	Valthögn 31	- in Löwe 65
Tempel 56	Tierfelle bei Hinrichtungen 67	Vandil 5	- in Mücke 65
Teufelsabbiß 45		Vandlir 5	- in Otter 65
Thagnar 31	Tor 49	Var 29	- in Pferd 65
Theck 32	Torfa 35	Vardrun 28	- in Rabe 65
Thialfi 37	Tote wiederbeleben 64	Vardrun 35	- in Rind 65
Thiazi 5		Vardruna 35	- in Robbe 65
Thing 73	Tragestange 67	Vasad 6	- in Schlange 65
Thiodwitnir 34	Trana 35	Vatermord 55	- in Schwalbe 65
Thistilbardi 34	Traum 71	Velle 5	- in Schwan 65
Thjodrerir 7	Traumdeutung 71	Venus 48	- in Seekuh 65
Thögn 31	Traumfrau 31	Verbene 45	- in Spinne 65
Thökk 35	Trima 31	Verdandi 30	- in Tier 65
Thor 17	Trolle 36	Vervielfältigung von Körperteilen 65	- in Vogel 65
Thora 28	Trona 35		- in Wal 65
Thorgerdr Hölgabrudr 29	Tuch 57	Vergessenheitstrank 70	- in Walroß 65
	Tuisto 20		- in Widder 65
Thorin 7	Tuisto 33	Verirren auf der Hirschjagd 55	- in Wolf 65
Thorir 6	Turm 56		- in Ziege 65
Thorn 5	Tyr 3	Verr 34	- in Ziegenbock 65
Thorstein Haus-Macht 79	Tyr-Riesen 5	Verwandlung:	Vidblindi 5
	Udr 35	- einer Frau in einen Mann 65	Viddi 34
Thrain 32	Uffe 39		Vidgreipr 34
Thrasir 6	Ulfhedinn 62	- einer Frau in eine andere Frau 65	Vidgymir 5
Thrigeitir 5	Ulfrun 35		vier Riesen-Ritter 34
Thrivaldi 5	Ullr 11	- eines Mannes in eine Frau 65	vier Stier-Riesen 34
Thröng 29	Umhang => Mantel 60		viertüriges Haus 52
Thror 7		- in Adler 65	Vifflöd 29
Thror 20	Uni 20	- in Bär 65	Vignir 34
Thror 32	Unn 35	- in Drache 65	Vikarr 6
Thorri 34	Unsichtbarkeit 64	- in Eber 65	Vilja 20
Thrud 31	Unsichtbarkeits-Stein 67	- in Falke 65	Vindr 34
Thrudgelmir 5		- in Fliege 65	Vingnir 6
Thrudr 29	Urd 30	- in Floh 65	Vingrip 34

Vipar 34
Vogel 40
Vogelsprache 64
Volkrast 7
Vör 29
Vörnir 34
Vulkan-Riese 34
Waage 64
Waberlohe 49
Wächter 49
Wafthrudnir 6
Wagen 67
Wagnhofde 6
Wal 44
Wälder =>
Weltenbaum 52
Wald-Riesin 35
Wali 19
Wali 32
Walküren 31
Walnuß 45
Walroß 44
Waltam 20
Wandteppich =>
Tempel
Wanen 36
Warkald 6
Warr 20
Wasser 52
We 20
Weberin 55
Wegdrasil 20
Wegerich 45
Wegetritt 45

Wegwarte 45
Weig 32
Weihung => Segen
Weinen 55
weiß 46
Weisheiten 74
Weisheitstrank 70
Weißstern 39
Weltenbaum 53
Weltesche 53
Wespe 40
Westen 54
Westri 32
Wetter 64
Wettlauf 55
Wetttrinken 55
Wetzstein 67
Wichte 36
Widar 19
Widfinnr 5
Wiedergeburt 51
Wiederholungen 55
Wiederzeugung 51
Wieland 4
Wiesel 43
Wig 32
Wigrid 55
Wili 20
Wili (Zwerg) 32
Wind (Magie) 64
Wind 52
Windalf 32
Windloni 6
Windswal 6

Winter 54
Winteranfang 54
Wirwir 32
Witr 32
Witwen-Selbstmord 51
Wolf 43
Wolfsfell 62
Wortschatz Magie 64
Wohlstandszauber 64
Wucherblume 45
Wurzel 45
Wyrd 30
Yggdrasil 53
Ymir 33
Ymis 33
Yngvi 32
Zahlen 47
Zähne 63
Zauberer 59
Zauberin 58
Zaubersprüche 68
Zeh 63
Ziegen 42
Zisa 29
Zunge 63
Zweikampf 73
zweiköpfige Riesen 34
zwei Zwerge 32
Zwerg auf dem Felsen 32
Zwergberg zu Aachen 32

Zwerge 32
Zwerge:
- im Berg 32
- im Gebirge 32
- Kuttenberg 32
- Untersberg 32
- Blankenburg 32
- Bonikau 32
- Dardesheim 32
- Eilenburg 32
- Elbogen 32
- Glaß 32
- Hohenstein 32
- Heilingsfelsen 32
- Nünberg 32
- Osenberg 32
- Plesse 32
- Rosenberg 32
- Selbitz 32
- Sion 32
Zwerg:
- Gebirge 32
- Kyffhäuser 32
- Hohenstein 32
- Dresden 32
- Hoia 32
- Lützen 32
- Ralligen 32
- Rantzau 32
- Scherfenberg 32
- Thorgau 32
Zwillinge 55